Heimat Rhön

Naturhistorische Wanderbilder aus der Hohen Rhön

Lothar Mayer

Heimat Rhön

Naturhistorische Wanderbilder aus der Hohen Rhön

Parzellers Buchverlag

ISBN 978-3-7900-0364-2
© 2004 by Parzellers Buchverlag, Fulda
Zweite Auflage, 2008
Druck: Parzeller Druck- und Mediendienstleistungen
Printed in Germany · Alle Rechte vorbehalten.

Inhaltsverzeichnis

Vorwort 6

Vorwort zur 2. Auflage 7

Hölle, Teufel, Himmeldunk 8

Zum Kasparbaum an der Morgenseite der Rhön 36

Über das Hohe Polster 50

Durch das Naturwaldreservat Eisgraben 98

Durch das Schwarze Moor 108

Zur Blauen Blume der Rhön – eine Frühlingswanderung 128

Milseburg: die Perle der Rhön 138

Geologisch-botanische Wanderung zum Schafstein 155

Die Abendseite der Rhön: Wasserkuppe und Pferdskopf 168

Kreuz, Krug, Kilian und Apollo – der Kreuzberg 192

Dorfheimat – eine kritische Betrachtung 215

Literaturverzeichnis 242

Dankeswort 244

Der Autor 245

Vorwort

Das Buch über die Rhön, das Sie gerade in den Händen halten, unterscheidet sich in mancher Hinsicht von Ihnen bisher bekannten Werken.

Sein Ziel ist es nämlich, getreu dem Motto „Weniger ist mehr", vor allem den zentralen Bereich der Rhön vorzustellen und nur ausnahmsweise von diesem Plane abzuweichen. Lediglich dem letzten Kapitel ist eine kleine Bilderreise zu besonders interessanten Punkten der Rhönrandbereiche angegliedert.

Die Beschränkung auf den zentralen Bereich wird notwendig, weil den vielen kleinen und nur allzu oft übersehenen Kostbarkeiten, die eine Wanderung doch erst zum lehrreichen Vergnügen werden lassen, ein gebührender Platz eingeräumt werden soll.

Gewiss, es handelt sich um ein Wanderbuch, in dem verschiedene Wandertouren empfohlen werden und in dem auch Hinweise zur jeweils besten Tages- oder Jahreszeit sowie Angaben über die Wegstrecke nicht fehlen.
Allerdings werden Sie genaue Kilometerangaben ebenso vermissen wie Hinweise zu den Gehzeiten. Denn wenn Wege zu Abenteuern werden, zählen weder Stunden noch Kilometer.

Im Übrigen ist jede einzelne Wanderung viel zu kostbar, um sie nur abzuhaken, sie als Pflichtübung oder als Trimm-Dich-Maßnahme in einer bestimmten Zeit zu erledigen.
Das Gefühl, eine bestimmte Wegstrecke in einer guten Zeit bewältigt zu haben, ist unter Umständen durchaus erhebend, aber dafür gibt es ausreichend Gelegenheit auf anderen Wanderstrecken, die nicht über den besonderen Reiz der Hochrhön-Touren verfügen.
Sich Zeit lassen, sich den Dingen zuzuwenden, gelegentlich sogar Knie und Rücken zu beugen und ganz genau hinzusehen, und damit das Gefühl für das Land zu bestärken oder zurückzugewinnen, darum geht es.

Deshalb wird empfohlen, bei Wanderungen eine Botanisierlupe, ein Notizbuch, einen Bleistift und vielleicht sogar einen Fotoapparat mit Makroobjektiv mitzuführen.
Auf diese Weise gelingt die Nachbereitung einer Wanderung weit besser, als wenn man sich nur auf das Gedächtnis verlässt.
Die Rhön bietet dem Wanderer nämlich große Reisen mit kleinen Distanzen; hier führen keine „Autobahnen" zum Ziel, sondern vornehmlich die krummen Wege.

Natürlich kann Ihnen eine Wanderung nach einem der Touren-Vorschläge die Sorgen des Alltags nicht abnehmen, aber vielleicht werden Sie Ihr Problem vorübergehend vergessen können, um es hinterher aus einer neuen Perspektive zu sehen.
Auf diese Weise halten Sie den Schlüssel für so manches Problem bereits fest in Ihrer Hand.

„Vieles ginge besser, wenn man mehr ginge", riet uns bereits vor 200 Jahren der Wanderfreund Johann Gottfried Seume (1763–1810). Ich möchte hinzufügen „…und alles wäre besser, wenn wir nur genauer hinsähen", denn ganz gleich, was man betrachtet, wenn man genau hinsieht, hat man es immer mit dem gesamten Universum zu tun.

Vielleicht kann man durch diese Einübung einem wichtigen Anliegen unserer Zeit dienen, indem man vor allem für die Pflanzen und Tiere des eigenen Lebensbereiches ein Gefühl der Verbundenheit fördert oder gar erzeugt.
Ein Gefühl übrigens, das weit über das hinausgeht, was allgemein unter Umweltschutz verstanden wird.
Die Förderung einer möglichst engen Verbundenheit mit dem eigenen überschaubaren Lebensraum ist eine vornehme und wichtige Kulturaufgabe der Gegenwart und auch das Hauptanliegen dieses Buches.

Wendelstein, im September 2004   L. Mayer

Vorwort zur 2. Auflage

Es wird immer Stückwerk bleiben, wenn man es unternimmt, Wanderwege durch die Rhön aufzuzählen. Viel zu viele sind es, die alle zu lohnenden Zielen führen oder bereits Ziele in dem Sinne genannt werden können, dass der Weg bereits das Ziel ist.
Wenn in diesem Buch trotzdem einige Wanderfahrten beschrieben werden, dann nur als Anhaltspunkte für die, die die Höhen und Täler der Rhön aufs Neue oder zum ersten Male erwandern wollen.

In der zweiten Auflage von „Heimat Rhön" gibt es im Vergleich zur ersten Auflage einige Änderungen.
Bilder wurden ausgetauscht und einige neue Panoramaaufnahmen aufgenommen. Auf diese Weise kann dem Leser oder Betrachter ein noch vielfältigeres und vor allem vollständigeres Bild der Rhön präsentiert werden.

An dem Konzept des Wanderbildes wurde zwar festgehalten, die einzelnen Wanderbilder aber durch Kartenausschnitte ergänzt, auf denen der beschriebene Verlauf der Wanderung skizziert wird.
In der ersten Auflage habe ich meine Aufgabe noch nicht darin gesehen, Wege zu zeigen, sondern vielmehr darin, die Sehnsucht bei dem Leser zu wecken. Aus Zuschriften und Diskussionen konnte ich entnehmen, dass sich viele Rhönfreunde genauere Angaben zum jeweiligen Wegverlauf wünschten.

Selbstverständlich wurden Fehler, Ungenauigkeiten und Ungeschicklichkeiten im Ausdruck beseitigt. Zusätzlich wurde ein Wanderbild über Himmeldunkberg und Hohe Hölle aufgenommen.
Diese Tour gehört zu den aufregendsten der ganzen Rhön. Die Wanderung über den Himmeldunkberg markiert zudem jenen Punkt, um den herum alle anderen Wanderbilder in einer sich gegen den Uhrzeigersinn drehenden Spirale aufgereiht sind.
Es ist empfehlenswert, die Erkundung der Rhön am Himmeldunkberg zu beginnen. Dieser Berg gestattet einen großartigen Überblick über weite Teile der Wanderregion Rhön.

Das Schlusskapitel mit großem Widerspruchspotenzial „Dorfheimat – eine kritische Betrachtung" wurde um einige Beobachtungen erweitert.
In diesem Kapitel werden Veränderungen in einem Hochrhöndorf im Verlauf der letzten 50 Jahre beschrieben.
Obwohl das Thema nicht zwangsläufig Bestandteil einer Sammlung von Wanderbildern sein müsste, habe ich doch daran festgehalten. Es ist nicht nur für den Wanderer, sondern für uns alle wichtig, in welchem Maße und in welcher Geschwindigkeit die Urbanisierung um sich greift.
Wenn man sich irgendwann auf der Langen Rhön fühlen müsste wie in einem ausgedehnten Stadtpark, verlöre auch die einsame Hochrhöntour den größten Teil ihres Reizes.

Auf die Frage, wie man ein ganz besonderes Werk zustande bringt, soll ein berühmter Maler geantwortet haben: „Willst du ein universales Gemälde malen, dann male dein Dorf."
Es war zwar zu keinem Zeitpunkt mein Bestreben, ein besonderes Werk zu schaffen, aber der Verdacht, dass die Veränderungen in der dörflichen Gemeinschaft nicht nur auf diese beschränkt sind, lässt sich leider nicht von der Hand weisen.

Wendelstein, im Dezember 2007
L. Mayer

Hölle, Teufel, Himmeldunk

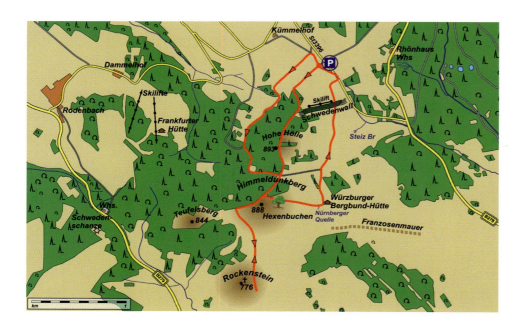

"Leben heißt sein Herz verbrauchen", schrieb der im mittelfränkischen Fürth geborene Schriftsteller Jakob Wassermann, und so mancher Wanderer kann bestätigen, dass man auch beim Wandern zwar nicht gerade sein Herz verbrauchen, es aber an einen Berg verlieren kann.

Es ist bestimmt nicht grenzenlose Weite oder Einsamkeit und auch nicht schroffe Erhabenheit, die den Himmeldunkberg zu einem beliebten Wanderberg macht, sondern eine ganz besondere Harmonie. Diesem Berg fehlt zwar das Spektakuläre, er braucht es aber auch nicht, denn das Produkt aus Höhe mal Weite wirkt ausgesprochen harmonisch.

Dem Himmel sei jedenfalls Dank für diesen herrlichen Berg.

Erste naive Deutungsversuche für Himmeldankberg – wie der Himmeldunkberg im Kanzleideutsch hieß – führen uns ganz zwanglos zu der Auslegung, dass man dem Himmel für diesen Berg zu danken habe. Doch diese Sicht ist zu einfach.

In dem Codex Eberhardi I aus dem Jahre 1059 wird ein „Hugenuodetunc" zum ersten Mal erwähnt. In einer zweiten Abschrift des Codexes wird er schließlich zu „Hugenfodendunc".

Der Heimatforscher Josef Wabra deutet die Stelle aus dem Codex etwa so: Ein Mann namens Hugenüod legte einst eine „tunc", eine Steinwallbegrenzung, an. Nach seiner Auffassung könnte die eingegrenzte Fläche in fränkischer Zeit als Lagerplatz für Jagdgesellschaften gedient haben.

Andere Deutungen sind weniger interessant. Sie leiten die Mittelsilbe „dunk" von dem althochdeutschen „dung" her, das sich mit „Trockenrasen" übersetzen lässt.

Viel Spekulation um die Taufe des Himmeldunkberges, zumal in einem Dokument aus dem Jahre 1694 auch noch der Name „Himmeltaung" auftaucht.

Wahrscheinlich war der Himmeldunkberg bereits in früherer Zeit ein unbewaldeter Berg. Noch heute entdeckt man auf der Verebnung oberhalb des Rockensteines mühelos breite Furchen, die als mittelalterliche Ackerformen gedeutet werden können. Die Hochäcker sind südsüdost-nordnordwestlich orientiert und immer noch gut zu erkennen. Zuweilen bezeichnet man derartige Ackerbeete auch als Wölbäcker. Die Länge der Beete am Himmeldunkberg beträgt etwa 50 Meter.

Wer die Rhön erkunden will, dem ist nachdrücklich anzuraten, dass er seine Wanderungen am Himmeldunkberg beginne. Wer Himmeldunkberg und Hohe Hölle umrundet, hat nicht nur großartige Rhöner Panoramen gesehen, sondern auch fast alle bedeutenden Rhönberge; er hat sich damit für kommende Wandererlebnisse eine geistige Landkarte geschaffen.
Vom Gipfel des Himmeldunkberges (888 m) erfasst der Blick in südlicher Richtung Auersberg, Käuling, Kreuzberg und die Schwarzen Berge. Nach Osten kommen Bauersberg, Münzkopf, das Heidelstein-Massiv und bei guter Sicht sogar der Judenhügel bei Kleinbardorf in der Nähe von Bad Königshofen in den Blick. Im südwestlich gelegenen Truppenübungsplatz kann man mühelos Schachen, Reesberg, Eierhauk und Dammersfeld identifizieren.
Der Teufelsberg (844 m) ist durch eine grasige Mulde vom Himmeldunkberg getrennt und ihm südwestlich vorgelagert. Von seinem Gipfel erschließt sich zusätzlich eine Fülle markanter Berge im Süden und Westen der Rhön.
Im Süden kommen in den Blick: Großer Auerberg, Löserhag, Mettermich, die Pilsterköpfe und der Dreistelz. Wendet man sich nach Westen, erscheinen Simmelsberg, Große und Kleine Nalle, Ebersberg, und aus dem bodennahen Dunst erhebt sich der weiße Pyramidenstumpf des Monte Kali in der Nähe Neuhofs. Ein Panorama, wie es die Rhön an kaum einem anderen Ort zu bieten vermag.
Im Norden schließt sich an den Himmeldunkberg die Hohe Hölle (894 m) an.
Als geologische Attraktion darf der Rockenstein bezeichnet werden. Er bildet in südöstlicher Richtung die Fortsetzung des Teufelsberges.
Der Name des 776 Meter hohen Basaltschlotes soll sich von rauem Stein ableiten. An seinem Westhang wurde 1928 Braunkohle gefunden, die aber glücklicherweise nicht abgebaut wurde.
Hohe Hölle, Teufelsberg und vor allem der Himmeldunkberg sind zwar vielbesuchte, aber doch vergessene Berge der Rhönliteratur. Die Anzahl der Veröffentlichungen ist klein und die Ergiebigkeit der Quellen nur dürftig.
Was bleibt?
Man muss den Berg von allen Seiten, zu jeder Tages- und Jahreszeit immer und immer wieder erwandern, um seinen Charakter und seine Seele zu erkennen. Man muss ihn besuchen, wenn regensatte Stürme über die Matten fegen, wenn der Wind heulend in den Kronen der Hexenbuchen wütet, wenn sich die Wipfel der dunklen Fichten in stürmischem Gebrause biegen, wenn der Nebel herauskocht aus dem Kessel am Rockenstein, wenn die Sonne über der Langen Rhön aufgeht und gegen Mittag herabbrennt auf die herbstlich gefärbten Blätter der Heidelbeerstauden; und man muss ihn besuchen, wenn sich die Sonne hinter dem Dammersfeld niedersenkt.
Wer den Berg oft besucht, vergrößert zudem seine Chancen, Eindrücke zu gewinnen, die an anderen Orten der Rhön nicht so leicht zu sammeln sind.

In meine Erinnerung hat sich ein Spätsommernachmittag eingegraben, dem ich wegen einer unbedeutend erscheinenden Entdeckung meine besondere Beziehung zu diesem Berg verdanke.
Lautlos jagten Wolkenschatten über den Himmeldunkberg hinweg.
Im Geäst der Hexenbuchen rauschte der Wind. Hunde bellten. Widerwillig, von hilflosem Blöken begleitet, ließ sich eine Schafherde in ein Gatter auf der Verebnung unterhalb der Hexenbuchen treiben. Dann hallte der Donner explodierender Kampfmunition vom Dammersfeld herüber und brach sich an der Grasflanke des Himmeldunkberges.
Irgendwo auf halber Höhe wurde ein Traktor gestartet. Das harte Nageln des Diesels durchlöcherte und überlagerte alle anderen Klangeindrücke. In langsamer Fahrt kehrte das Gefährt in das Brendtal zurück, über das sich geräuschlos ein fasriger Nebelschleier gelegt hatte.
Zum ersten Mal erlebte ich bewusst, dass es in einer

Landschaft eine weitere geben kann: eine Klanglandschaft.

Wir hören viel,
aber wir hören erst eigentlich,
wenn wir die wirren Stimmen
haben sterben lassen und nur noch eine spricht.

Welche Stimme schließlich sprechen soll, können wir nur erahnen, aber wahrscheinlich meinte Meister Eckehart (ca. 1260–1328) jene Stimme, die unser Innerstes berührt.
Wer den Himmeldunkberg zum ersten Mal besucht, wird die wirren Stimmen kaum sterben lassen können; sie werden ihn bedrängen und er wird sie mit den optischen Eindrücken zu einem Gesamtbild verweben.

Wenn man nach wiederholtem Besuch auf federnden Rasenwegen über die baumfreie Hochfläche wandert, werden die Stimmen aber schließlich schweigen; dann gibt es nur noch: Himmel, Dank und Berg.
Jetzt ist der Himmeldunk wie kaum ein anderer Ort in der Rhön sogar einer gewissen Versenkung förderlich. Die feierliche Stimmung wird möglich, weil die Zahl der Wanderer an Wochentagen im einstelligen Bereich bleibt, die Modellflieger nicht stören und die Würzburger Bergbundhütte höchstens an Wochenenden und an Feiertagen Ziel von Wanderern und Naturfreunden ist.

Man kann – wenn man kann – sogar auf ganz besondere Weise einsam sein.
„Ein-sam" wird seit dem Spätmittelalter in der Bedeutung von „mit sich selbst eins sein" verwendet. Dieser Einsame war aber gleichzeitig auch einer, für den Glück nicht notwendigerweise die Einigkeit und Eintracht mit anderen bedeutete. Viel wichtiger war unter anderem die Harmonie mit der Natur.
Die Schönheit der Landschaftsbilder am Himmeldunkberg kann mithelfen, in dem oben skizzierten Sinne einsam zu sein.

Dies alles ist möglich, weil dem Himmeldunkberg bis heute glücklicherweise die „Kreuzbergisierung" erspart blieb.
Der Himmeldunkberg bleibt weitgehend verschont von Autotouristen, die nur wenig Interesse an Natur und Landschaft mitbringen.
Die Wanderer aber, die sich auf dem Himmeldunkberg begegnen und die Hand zum Gruße heben, leiten ähnliche Interessen.

Wir starten unseren Fußmarsch am Wanderparkplatz Schwedenwall. Der Parkplatz liegt unmittelbar jenseits der bayrischen Grenze auf hessischem Territorium.
Wir wählen den Wanderweg mit der Nummer 1, der an der Bismarck'schen Grenze entlangführt, die nach dem Krieg von 1866 auf Betreiben des preußischen Kanzlers festgelegt wurde. Seit dieser Zeit gehören Gersfeld und das obere Ulstertal zu Preußen, Oberweißenbrunn, Frankenheim und Bischofsheim aber zu Bayern. Die Grenzsteine wurden nach der Reichsgründung im Jahre 1872 gesetzt. Einige Steine tragen die Jahreszahl 1909. Möglicherweise wurden zu dieser Zeit Lücken in der Grenzziehung geschlossen.
Der Weg über die Hohe Hölle führt durch einen geschlossenen Fichtenwald. Auf dem steil ansteigenden Weg passiert man die Bergstation des Skiliftes, eine Hinweistafel, die von einer schwedischen Dreieckschanze berichtet, und schließlich eine Schutzhütte. Nun sind es nur noch wenige Minuten bis zum Gipfel des Himmeldunkberges.

Wer eine großartige Berglandschaft und einen herrlichen Blick auf die Berge der hessischen Rhön genießen will, muss allerdings eine etwas andere Streckenführung wählen.
Wir wandern – am Parkplatz Schwedenwall startend – 150 Meter auf der alten Straße in Richtung Kümmelhof. Unser Weg wird gesäumt von einer schönen Allee aus der Gemeinen Esche *(Fraxinus excelsior)*, Eberesche *(Sorbus aucuparia)*, Bergahorn *(Acer pseudoplataus)*, Spitz-Ahorn *(Acer platanoides)* und Linde *(Tilia ssp.)*. Bald kreuzt ein Fahrweg die Straße, wir folgen ihm in westlicher Richtung.

Der Weg führt zunächst an dem Kümmelrain entlang. Weiter westlich werden die Weideflächen von den Einheimischen als Hellwiesen bezeichnet.

Rechter Hand öffnet sich der Blick auf Mosbach, Sandberg und Gersfeld. Im Norden stellen Wasserkuppe, Eube und Maulkuppe ihre Konturen gegen den Horizont.

Vom Südwesthang der Eube schicken kleine Weiler und Einzelhöfe blendende Lichtreflexe der Nachmittagssonne über das Fuldatal.

Wenn an einem klaren Herbsttag Wasserkuppe und Pferdskopf zum Greifen nahe scheinen oder wenn am Morgen die Nebel aus dem Beer-Krautig und Ehrengrund brauen und sich in Richtung Gersfeld in immer dünner werdenden Schleiern auflösen, dann weiß man mit großer Sicherheit: Das ist mein Land.

Wir wandern auf dem zerfurchten Waldweg weiter und passieren einen Buchenwald. Bald öffnet sich der Blick nach Nordwesten und vor unseren Augen liegt eine wildschöne Berglandschaft.

Mit einer Dynamik, die für die Rhön nicht gerade typisch ist, streben die Bergflanken nach oben, formen die Hohe Hölle und den Simmelsberg, an dessen Fuße sich die Frankfurter Hütte des Rhönklubs Frankfurt kauert. In nördlicher Richtung erkennen wir Gersfeld, das sich in einen Talkessel duckt. Weiter im Norden markieren Ebersberg und Wachtküppel Ruhepunkte für das Auge.

Noch ehe der Fahrweg in eine Fichtenschonung einbiegt, wenden wir uns nach Süden. Nun gilt es, die Nordflanke der Hohen Hölle zu bezwingen.

Eine Auswahl unmarkierter Wege und Rückegassen ermöglicht es uns, bis an die Fichtenschonung in der Gipfelregion vorzudringen. Der Wanderweg Nr. 1 über die Hohe Hölle führt durch diese Fichtenpflanzung. Wer nicht sofort einen passenden Durchschlupf findet, folge dem Fichtenforst in südwestlicher Richtung, bis sich eine geeignete Pforte auftut. Nun sind es nur noch einige Minuten bis zur Hochfläche des Himmeldunkberges.

Man wischt sich den Schweiß von der Stirne, rückt Rucksack und Stativ zurecht und staunt über den Ausblick. Längst vergessen ist die Anstrengung des Anstieges.

Vom Gipfel des Himmeldunkberges wird der Blick von dem Bergpanorama aus Kreuzberg, Arnsberg, den Schwarzen Bergen und dem Dammersfeld gefesselt.

Weiter südöstlich liegt Bischofsheim ausgebreitet in einer weiten Einsenkung der oberen Brend. Die Stadt ist das Zentrum der fränkischen Rhön.

Die Lage an dem Schnittpunkt der geologischen Großräume Kreuzberg, Lange Rhön und Himmeldunkberg prädestiniert sie für diese Auszeichnung.

Der Ruhm Bischofsheims hängt auch mit der Holzschnitzerei zusammen. Die Schnitzerei ist eine alte Rhöner Kunst. Viele Meister sind aus der Holzschnitzschule in Bischofsheim in die Welt hinausgezogen und haben den Ruf des kunstfertigen Rhöners begründet.

Eine besondere Karriere darf Johannes Kirsch aus Wüstensachsen bescheinigt werden. Nach Abschluss der Schulzeit verbrachte er viele Jahre als Gemeindehirte auf den Weideflächen am Steinkopf, ehe er seine Bestimmung erkannte, nach Bischofsheim zog, den Beruf des Holzschnitzers erlernte und ein angesehener Künstler und Bildhauer wurde.

Bischofsheim muss bereits in früheren Zeiten eine geschäftige Stadt gewesen sein. Schon aus dem 16. Jahrhundert ist ein Vers überliefert, der die Vorzüge der einzelnen Rhönstädte preist:

Mellrichstadt hat das Feld
Münnerstadt hat das Geld,
Fladungen hat das Holz,
Neustadt den Stolz,
Königshofen hat's Schmalz,
Kissingen das Salz,
Bischofsheim den Fleiß
So hast du den Rhönkreis.

Als besondere Attraktion des Himmeldunkberges gelten die alten Hexenbuchen. Unzählige Male habe ich den Rotbuchen *(Fagus sylvatica)* meine Aufwartung gemacht, zu allen Jahres- und Tageszeiten. Vor allem im Winter habe ich sie oft aufgesucht. Gelegentlich unter Bedingungen, die eine gute Ortskenntnis und auch etwas Wagemut erforderten.

Wenn dichter Nebel und hoher Schnee jede Möglichkeit der Orientierung nahmen, wenn man in hoch konzentrierter Orientierungslosigkeit mit den Augen das Weiß zu durchbohren versuchte und sich plötzlich die Konturen der Buchen aus dem Nebel entwickelten, dann war die Begegnung mit den Bäumen am unmittelbarsten.

An solchen Tagen tragen die Hexenbuchen zuweilen schwer. Unter einer zentnerschweren Eislast werden die Äste der Bäume bis auf den Boden gebogen. Ich war Zeuge, als ein großer Ast unter einer schweren Last ächzte, dann krachend herabstürzte und den gefrorenen Boden unter meinen Füßen erzittern ließ.

Bei diesem Ereignis habe ich es verstanden: Die oft zitierte Verwandtschaft zwischen Baum und Mensch existiert.

Ja, es stimmt: Wie dem Baum wird auch dem Menschen zuweilen viel zu viel aufgeladen; oft mehr als er tragen kann.

Weiter oben, in den Fichtenbeständen auf dem Kamm der Hohen Hölle, knickten einige Fichten unter der Eislast zusammen.

Abgebrochene Wipfel liegen vor kopflosen Fichtentorsos. Ein skurriles Bild: gerade so, als wenn einem Menschen nach der Enthauptung sein eigener Kopf vor die Füße gelegt würde. Doch der Baum steht und man könnte glauben, dass das Geschehene folgenlos bliebe. Wenn es aber wärmer wird, verströmen die Baumleichen den Geruch des Harzes wie den letzten Atem. Schließlich wird sich der Borkenkäfer des Baumes bemächtigen.

Im Gegensatz zur Fichte *(Picea abies)* ist die Buche kein Weltbürger. Sie besiedelt nur ein relativ kleines Areal, in dessen Zentrum Deutschland liegt.

Für die Menschen in der Rhön leitet sich daraus eine ganz besondere Verantwortung ab. Weil ihr Land seit alters her Buchenland oder Buchonia genannt wird, muss die Buche bei allen waldbaulichen Maßnahmen nach Kräften gefördert werden.

Zudem wäre zu diskutieren, ob sich nicht ein Buchenblatt besser als Symbol des Naturparks Rhön eignete als die Silberdistel, die in der Rhön zwar verbreitet ist, der aber keine besondere Beziehung zu diesem Gebirge attestiert werden kann.

Hexenbuche im Winterkleid

Buchenkeimling am Teufelsberg

Unterhalb der Hexenbuchen wird der Blick von dem Rockenstein gefesselt.
Ein kurzer Abstecher ist empfehlenswert, vor allem für geologisch interessierte Wanderer.
Der Rockenstein gilt auf Grund der bisher durchgeführten radiometrischen Datierungen als jüngste vulkanische Bildung der Rhön. Sein Alter wird mit 11 Millionen Jahren angegeben.
Der Wanderer erkennt besonders den nach Westen freigelegten und senkrecht aufstrebenden grauschwarzen Schlot, der nicht mit Basalt, sondern mit vulkanischem Tuff verfüllt ist. Tuff entsteht bei Vulkanausbrüchen und bildet sich aus lockeren Auswurfprodukten. Im Gegensatz dazu fließt Lava als glühende, mehr oder weniger flüssige Paste aus einem Vulkan und erstarrt zu hartem Gestein. Tuffe sind also Produkte von explosivem Vulkanismus. Sie werden gebildet, wenn in einem Vulkan der Druck so groß wird, dass die Förderprodukte abrupt nach außen geschleudert werden.
Lässt der Druck schließlich nach, bleibt vulkanisches Material unterschiedlicher Beschaffenheit im Schlot stecken. Eine solche Schlotbrekzie besteht aus eckigen Bruchstücken glasiger, rasch erstarrter Partikel.
In den Fällen, in denen die glutflüssige Schmelze im Schlot zurücksackt, finden sich sogar Partikel von Schichten, die heute nicht mehr vorhanden sind. Sie sind Zeugnisse für die Landschaft zur Zeit des Ausbruchs und ermöglichen die Rekonstruktion der Landschaftsgeschichte der Rhön.

Tektonische Vorgänge im Zeitraum zwischen 25 und 10 Millionen Jahre vor unserer Zeit waren es also, die für den Vulkanismus der Rhön verantwortlich sind.
Damals lag das Gebiet in einer gewaltigen Senke mit ausgedehnten Sümpfen, in der sich die heutigen Braunkohlelagerstätten bildeten.
Das engräumige Landschaftsbild, die Geländedynamik des Himmeldunkberg- und Simmelsberg-Komplexes verdanken ihre Entstehung jedenfalls dieser tektonischen Situation.

Nach eingehenden geologischen Erkundungen ersteigen wir wieder den Gipfel des Himmeldunkberges und setzen unsere Wanderung auf einem schmalen Wiesenpfad in östlicher Richtung fort. Die Nürnberger Quelle und die Würzburger Hütte sind unsere nächsten Ziele.

Am Südosthang des Himmeldunkberges auf 835 Meter betreibt die DAV Sektion Bergbund aus Würzburg eine Selbstversorgerhütte. Die Hütte kann nur existieren, weil sie mit dem Wasser aus der nahen Nürnberger

Quelle versorgt wird. Die Quellfassung ist dem Rhönklub Zweigverein Nürnberg zu verdanken, der sie im Jahre 1927 anlässlich seines 25-jährigen Bestehens stiftete.

Aber nicht nur Franken aus Würzburg und Nürnberg haben am Himmeldunkberg Spuren hinterlassen. Unterhalb der Bergbund-Hütte fällt ein Steinriegel auf, den französische Kriegsgefangene in der Zeit von 1914 bis 1918 aus Lesesteinen errichtet haben. Die Steinbarriere wird als „Franzosenmauer" bezeichnet und trennte die Bischofsheimer Hutflächen von jenen der Gemeinde Frankenheim.

Botanisch interessierte Wanderer können sich auf dem Himmeldunkberg an schönen Beständen der Silber- oder Rhöndistel (Carlina acaulis) erfreuen. Auch die tief eingeschnittenen, bleichrosa bis purpurrosa Blüten der Pracht-Nelke *(Dianthus superbus)* sind spektakulär genug, um innezuhalten und die hübsche Nelke genauer zu betrachten. Sie ist die größte der heimischen Nelken. Der Gattungsname verrät, dass sie dem Göttervater Zeus nahe gestanden haben muss, denn er leitet sich von Diòs ánthos, Blume des Zeus, ab. Der Art-

Pracht-Nelke (Dianthus superbus).

name nimmt Bezug auf die prachtvolle Erscheinung der Pflanze; *supérbus* heißt „stolz" und „erhaben".

Für Schmetterlingsfreunde ist der Himmeldunkberg kein Traumberg. Die windexponierten Grasflanken bieten Tagfaltern keine guten Bedingungen. Und selbst wenn windgeschützte und reich strukturierte Lebensräume zur Verfügung stünden, würde die intensive Schafbeweidung sowohl die Raupenfutter- als auch die Saugpflanzen der Tiere vernichten.

Dennoch, einige interessante Arten können regelmäßig angetroffen werden. Der seltene Randring-Perlmutterfalter *(Boloria eunomia)*, der Lilagold-Feuerfalter *(Lycaena hippothoe)* und der Mädesüß-Perlmutterfalter *(Brenthis ino)*, den wir aus der Rhön gar nicht wegdenken können, und der Mauerfuchs *(Lasiommata megera)* gehören neben den Ubiquisten zum Arteninventar des Himmeldunkberges.

Zu einer Jahreszeit, in der noch keine Schmetterlinge flogen, erlebte ich beim Anstieg auf den Himmeldunkberg in der Nähe der Nürnberger Quelle ein interessantes Schauspiel.

Es wollte Frühling werden in der Rhön und der Schnee schmolz in der Frühlingssonne. Da war ein Tropfen und Plätschern, ein Fließen und Quellen und Bäche strömten, wo sonst keine waren.

Die Wiesen waren noch zum Teil mit Schnee bedeckt und reflektierten matt das grelle Sonnenlicht. Ein harmonischer, durch die Geländedynamik bestimmter Wechsel von mattem Weiß und Braun bestimmte das Vorfrühlingsbild.

Noch ehe die Nürnberger Quelle erreicht war, fiel plötzlich ein unruhiger Schatten auf die Szene. Ein tausendfaches Schwirren und Lärmen durchbrach die Vormittagsstille. Stare *(Sturnus vulgaris)* fielen ein und drängten sich auf den schneefreien Flächen zu einer wabernden schwarzen Masse zusammen. Eilig und lärmend nahmen die Vögel Nahrung auf. Dann, scheinbar ohne Kommando und doch wie ein einziger Schrei, zog der Schwarm als immer länger werdende schwarze Wolke weiter. Der Himmeldunkberg bot ihnen nur eine kurze Rast auf dem Weg zu ihren Sommerlebensräumen.

Auch wir beenden unsere Rast, nehmen einen letzten kühlen Schluck aus der Nürnberger Quelle und nähern uns dem Start- und Zielpunkt unserer Rundwanderung.

Der Weg führt an der Bergbundhütte vorbei etwa einen Kilometer nach Norden, ehe uns eine Hinweistafel über den Verlauf des Schwedenwalles unterrichtet.
Auf dem nahen Reesberg ist eine sehenswerte Sechseckschanze erhalten geblieben, die als das Werk der Schweden während des Dreißigjährigen Krieges bezeichnet werden darf. Ob es sich am Himmeldunkberg tatsächlich um eine Anlage aus dieser Zeit handelt, muss bezweifelt werden. Es ist wahrscheinlicher, dass es sich bei dem Wall um einen relativ gut erhaltenen Abschnitt der mittelalterlichen Landwehr Hahl, Höhl oder Hähl handelt.
Die Landwehr war ein befestigtes Grenzsicherungssystem, das im östlichen Teil der Langen Rhön bereits im Jahre 1424 errichtet wurde, um das Hennebergische und Coburger Land gegen Plünderer und unbefugte Übergriffe zu sichern.
Man kann noch heute leicht abschätzen, dass es sich um einen etwa 10 Meter breiten Wall gehandelt haben muss, der beidseitig von einem 4 bis 6 Meter tiefen Graben flankiert war. Die Wallkrone hatte man dicht mit Gehölzen bepflanzt. Die durch Knickung ineinander verwobenen Gehölze waren nur schwer zu überwinden. Für Fuhrwerke standen Durchlässe zur Verfügung, die in späteren Jahren vom Frühling bis zum Kilianstag (8. Juli) geschlossen blieben, um den Diebstahl von Gras und Heu zu verhindern. Für die Pflege des Grenzstreifens sorgten die Höhlknechte.
Eine Oberweißenbrunner Urkunde aus dem Jahre 1694 beschreibt den Verlauf der Landwehr im Bereich des Himmeldunkberges. Würde es sich bei dem Wall tatsächlich um ein Bauwerk der Schweden handeln, hätte es der Chronist wahrscheinlich erwähnt.

Wir nähern uns dem Ende der Wanderung.

Der tiefnachdenkliche Jakob Wassermann bekannte, dass es zwei Dinge waren, die ihn retteten, als er innerlich zu zerbrechen drohte an der Frage „Wer bin ich – Deutscher oder Jude?": die Landschaft und das Wort. Landschaftsbilder, das können Wanderer bestätigen, bringen Abwechslung in unser Leben, befriedigen den inneren Drang nach neuen Seherlebnissen und schaffen Abstand zu den alltäglichen Sorgen.
Wie aber steht es mit dem Wort?
Obwohl Wassermann im Schreiben zuhause war, also in jenem Schützengraben zwischen Wort und Welt lebte, und obwohl er selbst ein leidenschaftlicher Wanderer war, gibt es aus seiner Feder keinen einzigen ernsthaften Versuch, die Faszination des Wanderns zu beschreiben. Warum?
Nun, wahrscheinlich kannte er den alten Zen-Spruch, wonach der, der es weiß, es nicht sagt, und der, der es sagt, es gewiss nicht weiß.

*Herbstbilder werden oft nur wenige Tage oder im schlimmsten Fall nur einen Windstoß alt.
Sind die Blätter gefallen, wirkt die Szene alltäglich.
Der Blick vom Nordhang der Hohen Hölle auf das Wasserkuppen-Massiv gehört zu den beeindruckendsten Motiven der Rhön.*

Letzte Sonnenstrahlen über einem großen Wandertag, der auf den Hellwiesen am Nordhang der Hohen Hölle ausklingt. Kleine und Große Nalle sowie der Ebersberg leisten dem späten Wanderer Gesellschaft.

Auf einer Geländeverebnung unterhalb der Hexenbuchen kann man noch heute Furchen entdecken, die als Ackerformen aus dem Mittelalter gedeutet werden können. Die Hochäcker sind südsüdost, nordnordwestlich orientiert und werden zuweilen als gewölbte Äcker, als Wölbäcker, bezeichnet.

Das Naturdenkmal „Hexenbuchen" am Südhang des Himmeldunkberges; ein Wanderziel mit einer ganz besonderen Aura.

Der Rockenstein ist dem Himmeldunkberg südlich vorgelagert und gilt aufgrund radiometrischer Datierungen als jüngste vulkanische Bildung der Rhön; sein Alter wird mit 11 Millionen Jahre angegeben.
Der Wanderer erkennt vor allem den nach Westen freigelegten senkrecht aufstrebenden grauschwarzen Schlot, der nicht mit Basalt, sondern mit vulkanischem Tuff verfüllt ist.

Weit im Westen erhebt sich der Salzberg bei Neuhof aus dem vorabendlichen Dunst.
Der Salzberg – im Volksmund „Monte Kali" genannt – besteht aus 50 Millionen Tonnen Kochsalz und Gips.

Der Winter hüllt den Himmeldunkberg in ein schneeweißes Laken.
Geschmückt mit eisigen Kristallen machen sich Ast und Halm Konkurrenz.
Eine Winterwelt, wie sie im Buche steht.

Die Natur schafft oft nur flüchtige Bilder. Nachdem ein wütender Nordostwind den Schnee an die Baumstämme geheftet hat, zaubert die Sonne ein interessantes Schattenspiel in den Winterwald.

Die östliche Verebnung des Himmeldunkberges wird Dachsloch genannt. Im Dachsloch liegt das Naturschutzgebiet Steizbrunnen.
Sowohl im Quellbereich als auch im Verlauf des Steizbrunnen-Grabens konnte sich eine reiche Quell-Flora ausbilden. Besonders spektakulär ist die Rispen-Segge (Carex paniculata), die bis zu einem Meter hohe Bulte bauen kann.

Nähert man sich von Nordosten her der Würzburger Bergbund-Hütte, wandert man im Frühsommer durch blühende Wiesen. Die Blumenwiesen am Himmeldunkberg unterscheiden sich in ihrer Farbenpracht nicht von jenen auf der Langen Rhön. Einziger Unterschied: Hin und wieder liegt der Mähtermin weit vor dem 8. Juli.

Zum Kasparbaum an der Morgenseite der Rhön

Jedes Ding hat zwei Seiten. Auch in der Rhön findet man diese uralte Erfahrung auf überraschend eindeutige Weise bestätigt.
So, wie sich der Morgen von dem Abend scheidet, so unterscheidet sich die Lange Rhön von der Wasserkuppenrhön.

Die Lange Rhön – das Herzstück der Rhön – besucht man mit größtem Gewinn am frühen Morgen, während die Stunden vor Sonnenuntergang auf der Wasserkuppe, dem Pferdskopf oder der Milseburg von besonderem Reiz sein können.

Zur Einstimmung in eine der großartigsten Wanderregionen Deutschlands dient die Wanderung zum Kasparbaum auf der Langen Rhön.

Wie alle Wanderungen im Naturschutzgebiet Lange Rhön muss auch dieser naturkundliche Spaziergang zur Morgenseite der Rhön gut geplant werden.
Rund um das Naturschutzgebiet Lange Rhön stehen nur wenige nummerierte Parkplätze zur Verfügung und jeder Wanderer muss stets bedenken, dass sich sein Weg nicht erst im Gehen bahnen darf, denn ein striktes Wegegebot im gesamten Naturschutzgebiet verbietet es ihm.

Für die Wanderung zum Kasparbaum wählen wir den Parkplatz Nr. 1 unweit des Holzberghofes.

Das ehemalige Forsthaus des Würzburger Fürstbischofs Julius Echter von Mespelbrunn (1573–1617) verbirgt sich in der Einsenkung des Schwarzbaches hinter hohen Erlen, Pappeln und Fichten.
Das Gebiet um den Holzberghof und den benachbarten

Holzberghof

Rothsee zählt zu den Vorräumen der Langen Rhön. Der Begriff „Lange Rhön" ist vor allem den Geologen und Geografen geläufig. Die Bevölkerung rechts und links der Langen Rhön spricht lakonisch von „der Rhön" und hält damit einen Teil – wenn auch einen bedeutenden – für das Ganze.
Dabei umfasst die Rhön viele unterschiedliche Naturräume, die in ihrer Gesamtheit den Reiz dieses in mancher Beziehung so ungewöhnlichen Mittelgebirges ausmachen.

Vom Parkplatz folgen wir zunächst dem Verlauf der Hochrhönstraße nach Norden. Wir lassen uns nicht von den ausgewiesenen Wanderwegen mit der Markierung 1 und 4 irritieren. Erst kurz bevor die Straße die Hochfläche erreicht, quert der Wanderweg mit der Nr. 1 erneut deutlich erkennbar die Straße; wir folgen ihm nach rechts.
Wir wandern in nördlicher Richtung an der Waldabteilung Leimertshecke vorbei, die nach Ansicht der Biologen einen realistischen Eindruck der potenziellen

natürlichen Vegetation der hohen Rhöner Lagen vermittelt. Die potenzielle natürliche Vegetation würde sich im Laufe der Zeit einstellen, wenn der Mensch nicht in das natürliche Geschehen eingreifen würde.

In den letzten Apriltagen erscheint der Boden der Leimertshecke wie mit letzten Schneeresten bedeckt. Näherer Betrachtung hält diese Vermutung allerdings nicht stand. In Wirklichkeit handelt es sich um einen dicht gewebten Teppich aus Buschwindröschen *(Anemone nemorosa)*, aus dem nur hier und dort ein hellgrünes Reis und die mausgrauen Stämme der Rotbuche *(Fagus sylvatica)* emporragen.

Die Leimertshecke gilt als typischer Zahnwurz-Buchenwald mit montanen Hochstauden, den man nur in Lagen oberhalb 750 Meter über NN finden kann.

Von hier aus sind es nur noch wenige hundert Meter und wir stehen vor dem Kasparbaum, einer uralten Windbuche, deren Konturen sich nur zögernd in der Morgendämmerung entwickeln.

Der Kasparbaum verdankt seinen Namen einem abgebrochenen Ast, der gegen das Morgenrot die Silhouette einer Kasparfigur zeichnete.

Der Baum ist alt, zerzaust und gebogen, aber nicht verbogen und keinesfalls gebrochen.

Einsam steht er auf der Langen Rhön in einer Landschaft von geradezu genialischer Monotonie.

In weichen, ruhigen Wellen dehnt sich die Einsamkeit der Langen Rhön von hier aus nach Norden und Westen; nach Osten zu verebbt sie in elegischer Stille.

Es waren nicht nur die Kräfte aus dem Erdinneren, die der Langen Rhön ihre besondere Eigenart verliehen. In dieser sanft bewegten Landschaft kommt eigentlich nur einem die „Ehre" zu, das Bild vollendet zu haben: Es war der Mensch, der über Jahrhunderte hinweg die dichten Wälder zuerst lichtete und schließlich vernichtete. Er schuf auf diese Weise eine unverwechselbare Landschaft, eine Landschaft aus zweiter Hand.

Am Kasparbaum jedenfalls beginnt die Morgenseite der Rhön. Sie erstreckt sich bis hinein ins Thüringische. Vor allem der Morgenseite verdankt die Rhön die rühmende Umschreibung „Land der offenen Fernen". Eine Formulierung, die auf ein Gedicht Herbert Sailers (1912–1945) zurückgeht und den Charakter des Bergzuges zwischen Holzberghof und Sennhütte trefflich beschreibt.

Andererseits gibt es keine Formulierung, die so gut gewählt ist, als dass sie nicht durch ständige Wiederholung entwertet würde.

Es ist aber sicher nicht die Schuld des jungen Lehrers Herbert Sailer, der 33-jährig im Zweiten Weltkrieg fiel, dass fast jede Veröffentlichung über die Lange Rhön mit dem Prädikat „Land der offenen Fernen" wirbt. Es ist vielmehr jenen Schriftstellern anzulasten, die die Rhön besuchen, sich gefühlsmäßig aber doch nicht so stark ansprechen lassen, um eine aus dem eigenen Empfinden geborene Formulierung zu prägen.

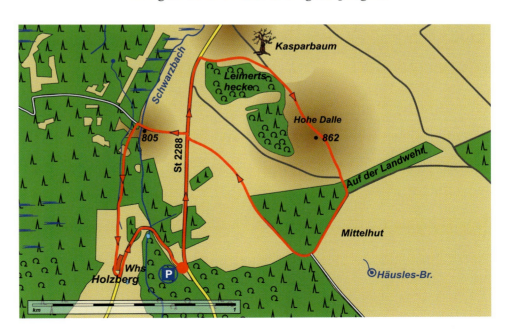

Die Lange Rhön ist nämlich auch das Land der blauen Horizonte, der blühenden Wiesen und der genialischen Monotonie.

Es ist eine überaus sympathische Eigenart der Hochebene zwischen Holzberghof und Schwarzem Moor, dass sie dem Wanderer zu jeder Tages- und erst recht zu jeder Jahreszeit stark verändert entgegentritt.

Man sollte am besten schon vor Sonnenaufgang auf der Langen Rhön unterwegs sein. Zu einer Zeit, da sich im Sommer noch die tauschweren Blüten des Waldstorchschnabels *(Geranium sylvaticum)* tief verbeugen vor der Kraft der Nacht.

Zwiebeltragende Zahnwurz (Dentaria bulbifera)

Nirgends wird man besser miterleben können, wie der glühende Sonnenball über dem unterfränkischen Land aus dem blassen Rot der Nebelschleier aufsteigt.
Die Lange Rhön fordert den Wanderer mehr als so manches andere Wandergebiet; sie fordert ihn gleichermaßen körperlich wie seelisch empfindsam heraus.
Da sind die weiten Matten, die sich im Wind dehnen, als wären sie schon immer hier gewesen. Bereits Ende April schmücken sie sich mit dichten Beständen des weißblühenden Buschwindröschens.
Das Buschwindröschen ist in der Rhön eben nicht nur dem Busch, sondern auch dem Wind vermählt.

In den etwas feuchteren Lagen schließlich erfreuen bereits Anfang Mai die lichtgelben Trollblumen *(Trollius europaeus)* den Naturfreund. Noch in den 80er Jahren gab es in der Rhön den Brauch, zu den hohen kirchlichen Feiertagen im Mai und Juni alle Straßen, auf denen die Prozession entlang führte, mit Farnwedeln und Tausenden von Blütenköpfen der Trollblume zu schmücken.
Dieser uralte Brauch hat dem Bestand der Trollblume glücklicherweise aber nicht geschadet.

Im Juni dann – kaum zu überbieten – zieren unzählige vielfarbige Blütenköpfe die einschürigen Wiesen der Langen Rhön. Zusammen mit den Mooren vermittelt sie elementare Eindrücke der gestaltenden Kraft der Erde und des Menschen.
Die Lange Rhön ist im Gegensatz zu den Mooren ein Biotop aus zweiter Hand.
Nichts als Kultur ist sie, zwar von außerordentlichem historischen Wert, und trotzdem Verheißung unverfälschten Naturgenusses. Ein Widerspruch, der sich sofort auflöst, wenn man akzeptiert, dass der Mensch auch nur ein Stück Natur ist und seine Lebensäußerungen folglich auch nur natürlich sein können.
Indessen, ob diese Lebensäußerungen immer vernünftig sind, lässt sich selbstverständlich daraus nicht ableiten.
Auf den weiten Matten rauschten früher die Blätter in den Kronen mächtiger Buchen, Ulmen, Eschen und der Bergahorne. Doch der Holzhunger von Windgebläse-Schmelzöfen, von Glashütten und Köhlereibetrieben verschlang innerhalb weniger Jahrzehnte den gesamten Holzvorrat der Langen Rhön.

Heute regiert der Wind auf der Langen Rhön und der Raubwürger *(Lanius excubitor)* bewacht von einer hohen Aussichtswarte sein übersichtliches Revier.

Im Sommer wird man gelegentlich sogar einer Herde Rhönschafe begegnen, die ihre Popularität Napoleon verdanken. Dem Kaiser der Franzosen wurde nämlich im Jahre 1813 im Schwarzen Adler in Buttlar ein wohlschmeckender Lammbraten serviert. Der Überlieferung nach war er von dem zarten und fettarmen Fleisch begeistert.

Dass die Wolle des Rhönschafes Wasser abweisende und wärmende Eigenschaften in idealer Weise miteinander verbindet, ist ein zusätzlicher Vorteil und macht sie bestens geeignet für die Herstellung funktioneller Soldatenbekleidung.

Doch diese Vorzüge gerieten – wie so vieles andere Althergebrachte – in Vergessenheit. Erst in den 80er Jahren nahm sich der Bund Naturschutz des Rhönschafes an und sorgte dafür, dass eine Herde zusammengestellt wurde, die durch fachkundige Pflege langsam wuchs.

Unser Weg führt uns nun weiter in südöstlicher Richtung. Wir durchqueren eine Fichtenschonung, die auf der ehemaligen Landwehr stockt, und halten uns dann rechts, immer dem Wanderzeichen „Naturkundlicher Wanderweg" nach Süden folgend.

Linker Hand dehnt sich die Mittelhut in Richtung Ginolfs. Sie ist eine ehemalige Jungviehweide, die in den letzten Jahren von Bulten aus Rasen-Schmiele *(Deschampsia caespitosa)* und Rispengras *(Poa pratensis)* befreit wurde. Rasen-Schmiele und Rispengras hatten in diesem Bereich die Charakterpflanze der Langen Rhön, Arnika *(Arnica montana),* weitestgehend verdrängt.

Von der Mittelhut reicht der Blick bis zu den beiden Zwillingsbergen Neuberg und Hutberg in der nördlichen Thüringer Rhön und über die beiden Gleichberge im Südosten bis zu den Haßbergen im Süden.

Bei guten Sichtverhältnissen schneidet der Hauptkamm des Thüringer Waldes gut erkennbar den Horizont im Osten und bildet die Kulisse für unzählige kleinere Erhebungen in der Unterfränkischen und Thüringer Vorderrhön.

Wir folgen dem Wegverlauf, wandern durch einen Fichtenbestand und werden schon bald von einem großar-

Zwiebel-Zahnwurz mit Brutknospen

tigen Blick auf Himmeldunkberg, Dammersfeld und Kreuzberg gefesselt.

Dem Weg mit der Markierung 1 und 4 folgen wir bis zur Hochrhönstraße, queren sie abermals und wandern gemächlich zunächst auf einem krautigen Pfad, später auf einem geschotterten Wirtschaftsweg zum Berggasthof Holzberghof.

Der Holzberghof geht auf die Freiherren von Thüngen zurück. Bereits im Jahre 1502 errichteten sie eine Eisenschmelze auf dem waldreichen Holzberg. In einem

Schmelzofen wurde das im Tagebau geförderte Eisenerz zu Gusseisen geschmolzen. In späterer Zeit soll sogar ein Eisenhammer die Weiterverarbeitung des Gusseisens zu Schmiedeeisen betrieben haben. Im Jahre 1614 baute der Würzburger Fürstbischof Julius Echter von Mespelbrunn (1545–1617) das sogenannte Forsthaus. Das fürstliche Wappen und die Jahreszahl zieren noch heute eine Seitentür des Forsthauses.

Erst im Jahre 1910 ließ die damalige Besitzerin Gräfin Schimmelmann eine Nachbildung des dänischen Wasserschlosses Frederikstein anbauen.

Möglicherweise wäre zum Abschluss der Hochrhönwanderung ein Bier aus einer Rhöner Brauerei stilvoller, wir aber entscheiden uns für den guten Hauswein.

Jetzt endlich ist Zeit, den Pflanzen- und Insektenführer zur Hand zu nehmen, um fragliche Beobachtungen zu bestimmen oder um das Erlebte in einem Wandertagebuch festzuhalten.

Bulten auf der Mittelhut

Trollblumenbestände (Trollius europaeus) kann man vor allem in der weiten, sanften Einsenkung des Elsbachgrabens bewundern. Dort finden die Pflanzen jene sauer-humosen Bedingungen, die ihren Ansprüchen optimal genügen.

Die Rhöner Vorkommen des Randring-Perlmutterfalters (Boloria eunomia) gehören mit größter Wahrscheinlichkeit zu den stärksten in Europa und verdienen schon deswegen große Aufmerksamkeit.
Der Schmetterling nutzt die Trollblume lediglich als Ruheposten. Überlebenswichtig für die Art sind – unter anderem – große Bestände des Wiesen- oder Schlangen-Knöterichs (Polygonum bistorta), an dem sich die Raupen des Randring-Perlmutterfalters entwickeln.

Die Morgenseite der Rhön wird von zwei Baumveteranen begrenzt.
Am Kasparbaum beginnt sie und an der alten Hutebuche in der Nähe des Thüringer Rhönhauses hat sie gerade ihr Ende gefunden.

Nebel zieht auf.
Noch ist der Blick über den südlichen Teil der Langen Rhön frei, doch Minuten später wird eine Wanderung für ortsunkundige Wanderer bereits zu einer gefährlichen Unternehmung.

Herbstzauber am Bauersberg
Am Südabfall der Langen Rhön versammelt sich ein Ensemble aus Buchen und Spitzahorn.
Farbige Herbsteindrücke und vor allem eine ausgezeichnete Sicht auf Kreuzberg- und Dammersfeldrhön sowie auf die Südflanke des Himmeldunkberges werden garantiert.

Über das Hohe Polster

Eintauchen muss man, sich einlassen auf eine Landschaft, am besten verschmelzen mit ihr, um ihr Wesen zu erkennen.

Oder wollen Sie Ihre eigene Seele, Ihre Mitte wiederfinden? Dann brechen Sie auf in die Einsamkeit, die fruchtbare, zuweilen auch furchtbare Einsamkeit der Langen Rhön. Wandern Sie am besten alleine über das Hohe Polster, denn so kann diese Tour sogar zu einem mystischen Erlebnis werden. Naturverbundenheit und Mystik sind doch nur zwei Seiten ein und derselben Medaille.

Johann Gottfried Seume „spazierte" 1802 alleine von Leipzig nach Syrakus und der Volkskundler Wilhelm Heinrich von Riehl (1823–1897) forderte: „Wer forschen und lernen will auf der Wanderschaft, der gehe allein."

So oder so, planen Sie die Wanderung über das Hohe Polster sehr sorgfältig. Wägen Sie ab, ob Sie vielleicht doch lieber in Begleitung gehen, und versorgen Sie sich mit ausreichendem Proviant, denn Unabhängigkeit ist Trumpf.
Dort rasten zu können, wo es gerade gefällt, und nicht dort, wo eine Theke wartet, kann den Genuss einer Wanderung erhöhen.
Wieder gilt es, die Morgenstunden zu nutzen, um die Reize der Wanderung über das Hohe Polster zu genießen.
Als Startpunkt dient der Wanderparkplatz Schornhecke an der Kreuzung Hochrhönstraße/Franzosenweg. Man kann den Ausgangspunkt der Wanderung aus allen vier Himmelsrichtungen erreichen. Aus Süden und Norden über die Hochrhönstraße, von Osten und Westen über den Franzosenweg, der Unterfranken mit Hessen und die beiden Hochrhöngemeinden Oberelsbach und Wüstensachsen miteinander verbindet.

Zunächst folgen wir dem Wanderweg (10) zum 888 Meter hohen Steinkopf.
Dieser Wanderabschnitt gibt der Tour einen semi-alpinen Charakter. Dann vorbei an dem „Toten Wald am Stirnberg" nach Norden bis zum Wanderwegeknoten am Melpertser Rasenberg. Wir folgen nun – nach Osten abbiegend – der Markierung „Offener Grünpfeil", queren die Hochrhönstraße, folgen etwa 300 Meter der Fahrstraße Richtung Rother Kuppe, um nach langer Talwärts-Wanderung jenseits des Oberelsbacher Grabens in Richtung Thüringer Hütte zu wandern.

Im Jahre 2007 wurde in unmittelbarer Nähe der Thüringer Hütte der etwa fünf Kilometer lange Franziskusweg angelegt; ein kurzer „Denk- und Dankweg".
Es lohnt sich, für den mit Texttafeln und kunstvollen Plastiken ausgestatteten Weg eigens anzureisen.
Von den beiden Initiatoren Günter und Monika Werner wurde damit für die Rhön eine neue Weg-Gattung geschaffen: der Atem-Weg.

Wir verlassen kurz vor der Thüringer Hütte die Grün-Pfeil-Route und wandern über den Illmenberg und vorbei an der Hangen-Leite nach Südwesten in Richtung Elsbacher Graben und Franzosenweg.
Jenseits des Franzosenweges führt der Wanderweg vorbei am Rhöner Berghaus zum Steinernen Haus. Von hier folgen wir der Wegemarkierung „Roter Pfeil", queren die Hochrhönstraße und wandern schließlich unterhalb des Fernsehsenders Heidelstein über die Matten des Schwabenhimmels zurück zu unserem Ausgangspunkt.

Interessiert Sie diese Tageswanderung?
Ja? Dann folgen Sie mir bitte auf der naturhistorischen Wanderung durch das Kerngebiet des Naturschutzgebietes Lange Rhön.
Die Wanderung führt durch eine Landschaft, die in dem zentralen Rhöner Bereich groß und einfach oder einfach großartig ist.

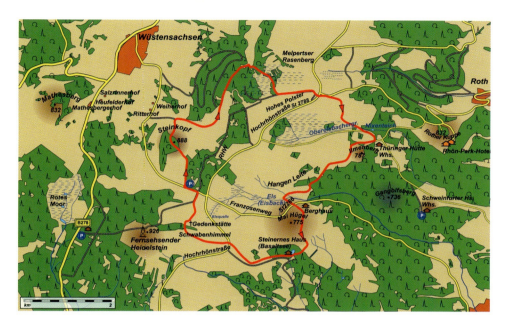

Voll mächtiger Kraft aus dem Untergrund, dabei aber keineswegs heroisch wirkend, nimmt sie den Wanderer auf und er wird ein Teil von ihr. So gründlich, dass er zunächst nur die offene blaue Ferne wahrnimmt, die den Blick hinaussaugt ins ferne unterfränkische Land.
Das ist eine Dimension dieser Landschaft, die sich nur dem Wanderer erschließt, dem Autofahrer bleibt sie verborgen.
Neben unbeschädigten Naturbildern erwarten den Wanderer tiefe Einblicke in die Geologie der Rhön. Mit etwas Glück und Ausdauer können auch interessante Tiere und Pflanzen entdeckt und beobachtet werden.
Natürlich müssen sowohl die Jahres- als auch die Tageszeit zu dem jeweiligen Vorhaben passen.
Wer im Frühling in den frühen Morgenstunden unterwegs ist, der wird z.B. das Meckern der Himmelsziegen und das Kollern der Birkhähne *(Lyrurus tetrix)* kaum überhören können und er wird es sein Leben lang nicht vergessen.
Himmelsziege oder Meckerschnepfe wird die Bekassine *(Gallinago gallinago)* im Volksmund genannt, weil die Töne, die sie während des Balzfluges durch das Vibrieren der Schwanzfedern erzeugt, entfernt an das Meckern einer Ziege erinnern. In meiner Erinnerung ist es aber eher ein leises „Singen" mit einem kräftigen Vibrato.

Besondere Bedeutung für die Lange Rhön hatte aber in den letzten Jahren vor allem das Birkwild. Nach Angaben der Fremdenverkehrsvereine hat man es in der Rhön mit einer der letzten außeralpinen Populationen zu tun.
Es ist zu bedauern, aber der Rhöner Bestand der Rauhfußhühner ist in den letzten 30 Jahren auf Ausrottungsniveau zusammengeschrumpft.
Konnten bei den jährlichen Zählungen jeweils im Mai der frühen 70er Jahre noch über 250 Tiere gezählt werden, bewegen sich die Zählergebnisse mittlerweile nur noch im niedrigen zweistelligen Bereich.
Schuld daran seien die Wanderer, die das Wegegebot nicht achteten, die Skilangläufer, die die gespurten Loipen verließen, der Habicht, der die jungen Küken schlüge, der Überbesatz an Waschbären und Wildschweinen und natürlich der Fuchs, der sich die Deckung der dichten Fichtenbestände auf der Hochfläche zunutze mache und von dort aus die flachen Nestmulden des Birkhuhnweibchens räubere.
Immer wieder der Fuchs.
Frühmorgens wird man ihm hin und wieder begegnen und gleichsam zu Stein erstarren, wenn er in einem Abstand von nur 20 Metern vorbeischnürt, um im nahen Wald zu verschwinden. So etwas kann man aber nur erleben, wenn der Wind günstig steht.
Ja, der Wind. Meist steht er ungünstig und oft peitscht

er so wütend in das Gesicht des Wanderers, dass man daran zweifelt, willkommen zu sein hier oben. Indessen: So wird Einsamkeit hörbar, nimmt Gestalt an und wird sogar körperlich spürbar.

Der Wind richtet wie ein unsichtbarer Rechen jeden Grashalm aus und bremst nicht nur den Vorwärtsdrang, sondern er macht auch Stücke aus dem Tag, zerlegt ihn in neblige, wolkige und himmelblaue Stunden.

Plötzlich zerreißt er die dichte basaltgraue Wolkendecke und das scharfe Sonnenlicht, von dem falben Gras reflektiert, schmerzt das Auge.

Hier oben kann man das Wetter eines ganzen Jahres an einem einzigen Wandertag erleben.

Die Wanderung führt zeitweise über weite offene Wiesenflächen, die in der Rhön als Matten bezeichnet werden, und dann wieder durch Wald.

Wenn man bei stürmischem Wetter in den schirmenden Burgfrieden des Waldes eintritt und sich vorübergehend geborgen fühlen darf, weiß man, was der Wald wert ist.

Doch bald schon führt der Weg wieder hinaus auf die Matten, auf denen man der unscheinbaren Charakterpflanze der Langen Rhön begegnet. Die Rede ist von dem Borstgras *(Nardus stricta)*, das zu den Süßgräsern gezählt wird und von dem Rhöner etwas verächtlich als „Rhöboëschde" bezeichnet wird. Dauerbeweidung, Tritt- und Schneebedeckung fördern die Charakterpflanze der Hochrhön, denn gerade unter diesen Bedingungen kann das Borstgras seine Konkurrenzvorteile ausspielen.

Das Weidevieh hingegen schätzt das dichte Horste bildende Gras nicht sonderlich, denn bestenfalls die jungen Triebe sind genießbar. Obwohl besonders auf der Langen Rhön in guten Beständen vorhanden, befindet sich das Borstgras durch Düngung und Entwässerung allgemein auf dem Rückzug und ist in niedrigen Lagen sogar zu einer Rarität geworden.

Aus den Borstgraswiesen leuchten im Juni/Juli zuweilen die warmgelben Blütenköpfe einer Pflanze, die charakteristisch ist für die Matten der Langen Rhön.

Die stark aromatisch duftende Arnika *(Arnica montana)* – auch Berg-Wohlverleih genannt – ist eine alte Heilpflanze, von der es noch bis in die 80er Jahre gute Bestände auf der Langen Rhön gab. Heute ist sie selten geworden. Der Rückgang der Arnika hat aber sicher nichts mit dem alten Brauch zu tun, dass die Pflanzenköpfe seit jeher gerne abgezupft und gesammelt wurden, sondern es müssen andere, derzeit noch nicht eindeutig identifizierbare Ursachen im Spiel sein.

Zusammen mit Spiritus oder einem klaren Korn-Schnaps wurden jedenfalls seit alters her Arnikatinkturen angesetzt, die in keiner Hausapotheke fehlten und besonders bei Prellungen und Verstauchungen gute Dienste leisteten.

Verwunderlich ist, dass die Heilkraft der Arnika sowohl den deutschen „Vätern der Pflanzenkunde" (Brunfels, Bock und Fuchs) aus der ersten Hälfte des 16. Jahrhunderts als auch den antiken Ärzten gänzlich unbekannt war.

Dennoch, die Heilkraft der Arnika ist unbestritten. Wegen des allgemeinen Rückganges der Art sollte heutzutage besser auf die Ringelblume *(Calendula officinalis)* zurückgegriffen werden, die sich problemlos im Garten kultivieren lässt und die gleiche heilende Wirkung wie die Arnika besitzt.

Wer sich die Mühe macht, in Heinrich Marzells „Wörterbuch der deutschen Pflanzennamen" zu blättern, um vielleicht dem etwas merkwürdig klingenden Namen „Berg-Wohlverleih" auf die Spur zu kommen, der wird überrascht feststellen, dass die Arnika auch als „Rhönblume" bezeichnet wurde, die man zu Johanni an die Ecken der Äcker steckte, um die Frucht vor Wetterunbill zu bewahren.

Der einst gebräuchliche Name „Rhönblume" darf als Hinweis darauf gedeutet werden, dass der Wanderer die Pflanze in früherer Zeit kaum übersehen konnte, während er sie heute schon geduldig suchen muss, wenn er sie finden will.

Oberhalb der Thüringer Hütte wird man ab Ende Mai einem der seltensten Tagfalter Deutschlands begegnen können. Der Randring-Perlmutterfalter *(Boloria eunomia)* steht wie die meisten Tagfalter unter dem Schutz des Gesetzes. Allerdings ist diese Art bereits in eine Schutzkategorie vorgerückt, die schlimme Befürchtungen nahelegt.

„Stark gefährdet" bedeutet, dass große Anstrengungen notwendig wären, um die Art zu erhalten. Die erforderlichen Anstrengungen sind teuer und in wirtschaftlich angespannten Zeiten hat Naturschutz keinen hohen Stellenwert.

Die Pflanze übrigens, an der die Raupe des Randring-Perlmutterfalters lebt, ist der Schlangenknöterich *(Polygonum bistorta)*, der im Elsbacher Graben nahe der Thüringer Hütte reichlich vorkommt. Der Tisch wäre also gedeckt für die Raupen des Randring-Perlmutterfalters. Dass der Bestand trotzdem gefährlich niedrig liegt, zeigt, dass das Vorhandensein der Raupenfutterpflanze zwar eine notwendige, aber längst keine hinreichende Bedingung für das Überleben einer Art darstellt.

Betrachten wir es also als kleines Glück, wenn wir diesem seltenen hellbraunen Schmetterling begegnen.

Kurz vor der Thüringer Hütte wandern wir in südlicher Richtung über den Illmenberg und vorbei an der Hangen-Leite. Wir erreichen schließlich den Franzosenweg und stehen unvermittelt vor einem einsamen Steinhaus. In diesem Haus auf etwa 750 Meter über NN, das weder einen Wasser- noch einen Stromanschluss besitzt, verlebte die Sängerin und Schauspielerin Bettina Schlanze-Spitzner 40 Jahre ihres Lebens. Unter dem Künstlernamen Bettina de Solanza hatte sie sich in den 30er Jahren in der Berliner Künstlerszene einen Namen gemacht.

Man nannte sie eine Aussteigerin. In Wahrheit war sie aber eine Einsteigerin in ein Leben, das eine unmittelbare Begegnung mit der Natur, mit der Schöpfung ermöglicht. Sie erlebte Reiz und Bürde einer Existenz zwischen Natur und Kunst. In diesem Spannungsfeld lebte, dichtete, malte und musizierte sie und war im Winter oft wochenlang von der Außenwelt abgeschnitten. Sie war nach vielen Umwegen angekommen, sie war zu Hause.

Vielleicht wird der einsame Wanderer ihre Motive noch am ehesten nachvollziehen können, ahnt er doch, dass er letztlich auch immerzu auf dem Weg ist, auf dem Weg nach Hause.

Die Bewohner der nahen Rhöndörfer nannten sie Rhönhexe, Schneewittchen oder Rhönfee, und die Kinder rannten ihr johlend nach, wenn sie mit ihrem dreirädrigen Messerschmitt durch die Ortschaft fuhr.

Erst in ihren letzten Jahren und vor allem nach ihrem Tod wurde so manch einem bewusst, wer es war, der da auf der Rhön gelebt hatte.

Neben Aquarellen hinterließ Bettina Schlanze-Spitzner einen kleinen Gedichtband.

In der Gedichtsammlung „Die Lieder vom Meer und Gedichte der Landschaft" findet sich auch die „Kleine Pastorale", in der sie eines der Motive für das entbehrungsreiche Leben in der Einsamkeit der Rhön preisgibt.

„... Nie wieder könnt' ich hinab in die Enge, seit mich die Weite des Himmels trägt wie den Vogel, der im Lerchenjubel lobsingt dem Licht."

Manch einer wird beim Lesen dieser Zeilen ahnen, warum er sich selbst ebenfalls lieber auf den Matten der Langen Rhön aufhält als unten in den Tälern.

„Und kurz nur sind die Wiesen grün ..." heißt es in einem anderen Gedicht.

Ja, der Winter bleibt lange und Frühling und Sommer sind eilige Gäste hier oben.

Die Zahl der Frosttage ist auf der Rhön mit etwa 140 bis 150 Tagen um rund ein Drittel höher als in den tieferen Lagen.

Schon bald nach der Heuernte liegt eines Morgens der erste Raureif auf Bäumen und Matten und deutet an, dass bald ein anderer die Herrschaft über die Lange Rhön übernehmen wird.

Bettina Schlanze-Spitzners lange Wanderung endete im Jahre 1984 auf dem kleinen Friedhof in Unterwaldbehrungen.

Ein schlichtes Holzkreuz ziert ihr Grab. Es passt übrigens genauso wenig zu seiner Umgebung, wie sie selbst je zu ihren Rhöner Nachbarn passte.

Die Arnika findet sich in der Rhön vor allem auf den Borstgrasrasen der Langen Rhön. Arnica montana ist eine Magerpflanze, die durch den Stickstoffeintrag aus der Luft geschädigt wird.

Als „Lichtpflanze" leidet die immer etwas zerzaust wirkende Arnika unter Verbuschung.

Raureif auf der Langen Rhön.

Weiter geht es zum Steinernen Haus.
Der „Kratersee" am Steinernen Haus – längst mit klarem Wasser gefüllt – gibt der Landschaft ein eigentümliches Gepräge. Er ist genauso künstlich wie die waldfreien Flächen der Langen Rhön, denn auch der Basaltsee ist ein von Menschenhand geschaffenes Stück Natur.
Wer je die Gelegenheit hatte, ältere Aufnahmen zu sehen, die während der Abbauphase des Säulenbasaltes entstanden, wird leicht verstehen, dass es nie lohnt, einzigartige Naturdenkmale der Ökonomie zu opfern.
Der Zuiderseedeich, jener gigantische 27 Kilometer lange Damm, mit dem die Niederländer das Ijsselmeer von der Nordsee abtrennten, besteht zu einem guten Teil aus dem Säulenbasalt des Steinernen Hauses.
Jener Deich wäre sicher auch auf andere Weise zustande gekommen und die Basaltformation des Steinernen Hauses wäre heute ein Geotop, auf das die Einheimischen stolz sein könnten und das jeder Geologe besucht haben müsste.
Immerhin ist uns die Prismenwand am Gangolfsberg geblieben, wo meterlange Basaltsäulen, wie Holzscheite aufgeschichtet, zwar nie ein Feuer nähren werden, dafür aber vor Millionen Jahren aus dem Feuer geboren wurden.

Zwei weitere Basaltkraterseen unterhalb der Sennhütte und auch der Silbersee nahe der Rother Kuppe sind es ebenfalls wert, besucht zu werden, denn sie stärken das Rhöngefühl. Die Kraterseen wirken wie tiefliegende blaue Männeraugen, die ernst und melancholisch in den hohen Himmel blicken. Über ihnen liegt eine Stille, die zuweilen sogar ein wenig Angst macht.
Ernst und melancholisch: So erlebt der Wanderer die Rhön während vieler Wanderungen.
Auf dem Weg zum Heidelstein – dem mit 926 Metern, nach Wasserkuppe (950 m), Kreuzberg (928 m) und Dammersfeldkuppe (928 m) vierthöchsten Berg der Rhön – queren wir abermals die Hochrhönstraße, wandern über die offenen Matten des Schwabenhimmels, treffen ab Ende Juni immer wieder auf die hübsche, weiß blühende und stark duftende Zweiblättrige Kuckucksblume (*Platanthera bifolia*), die zu den Knabenkrautgewächsen gezählt wird, und stehen schon bald an der Totengedenkstätte des Rhönklubs.

Jeweils am dritten Septembersonntag zelebriert der Rhönklub eine niveauvolle Gedenkstunde für die gefallenen und gestorbenen Mitglieder und festigt auf diese Weise immer wieder das erinnernde Band zwischen den lebenden und toten Freunden der Rhön.

Einige hundert Schritte in Richtung Franzosenweg passieren wir linker Hand ein weiteres oft übersehenes Ehrenmal.

Den Langemarck-Gedenkstein ziert ein schlankes, etwa 70 cm hohes Sandsteinkreuz. Er wurde zur Erinnerung an die im Jahre 1914 während der Ypern-Offensive gefallenen Soldaten errichtet.
Langemarck – eine kleine Ortschaft in Flandern – wurde zum Mythos.
Im Langemarck-Mythos wurde der unsinnige und erfolglose Durchbruchversuch einer unzulänglich ausgebildeten und schlecht geführten Armee als Beispiel für die Opferbereitschaft junger Kriegsfreiwilliger genutzt; *„... wer fällt, der stirbt den Heldentod."*

Der Bereich rund um die beiden Gedenkstätten auf dem Heidelstein – den Toten gewidmet, doch für die Lebenden gemacht – ist ein stiller, ein friedlicher Raum.
Ist nicht heutzutage der Heidelstein – mehr noch als der Kreuzberg – der heilige Berg der Rhön, der vor allem für den Wanderer lokale Identität stiftet?

Das Wanderziel schon fest im Visier wird der Naturfreund seinen Schritt dennoch stoppen, wenn er links des Pfades eine in der Rhön sehr seltene Pflanze entdeckt.
Wanderer, die in der Zeit von Ende Mai bis Ende Juni unterwegs sind, werden das seltene bis zu 70 cm hohe Spatelblättrige Greiskraut *(Senecio helenitis)* nicht übersehen können.
Die sattgelben Blüten stehen in Körbchen, die lang gestielt und lockerdoldig – wie übermütig – weit vom Stengelende wegspringen.
Auch Ende Juni/Anfang Juli lohnt ein Besuch des Heidelsteines. Da überrascht die Hochstaudenflur mit dem seltenen – in den Mittelgebirgen als Eiszeitrelikt geltenden – Alpen-Milchlattich *(Cicerbita alpina)*, auch gute Bestände des Türkenbundes *(Lilium martagon)* und des Gelben- oder Wolfs-Eisenhutes *(Aconitum vulparia)* können bewundert werden. Das Gift des Wolfs-Eisenhutes ist immerhin so stark, dass man Wölfe und Füchse vergiften kann.
Vielleicht noch etwas nachdenklich, aber doch voller Natureindrücke und mit müden Gliedern erreichen wir schließlich den Ausgangspunkt unserer Wanderung.

Wer diese Wanderung im Winter unternimmt, der kann nach Raureifnächten die Wasserkuppenrhön im roten Licht der aufgehenden Sonne bewundern.
Bitterkalt ist es an solchen Tagen, an denen der Frost durch jedes Knopfloch kriecht und Barthaare und Augenbrauen nach kurzer Zeit mit Eisfahnen schmückt. Aber in solchen Momenten berührt uns weniger die Kälte als vielmehr die Schönheit dieses Landes.

Winterliche Unternehmungen sind aber eher dem Eingeweihten zu empfehlen.
Für den Einsteiger bieten sich besonders die Monate Mai und Juni an, die als beste Wandermonate für die Schlüsseltour über den Kernbereich des Naturschutzgebietes Lange Rhön gelten.

Der Basaltsee am Steinernen Haus, der Silbersee bei Roth und die Basaltseen unterhalb der Sennhütte gehören genauso zur Langen Rhön wie Rhönschaf und Birkhuhn.

Die Hochrhönstraße ist die bedeutendste Panoramastraße der gesamten Rhön. Sie verbindet die beiden Rhönstädtchen Bischofsheim und Fladungen.
Wer in Bischofsheim startet, fährt vorbei an Steinbruch und Besucherbergwerk am Bauersberg, an Rothsee und Holzberghof, bis er schließlich östlich den Schwabenhimmel passiert. Die Straße kreuzt den Franzosenweg und zieht dann auf annähernd gleicher Höhenlinie in Richtung Schwarzes Moor. Auf der Höhe des Schwabenhimmels öffnet sich der Blick über die Einsenkung des jungen Elsbaches hinweg nach Norden. Überwiegend sanfte Geländeformen prägen die Lange Rhön. Bereiche größerer Geländedynamik findet man in anderen Naturräumen wie beispielsweise in der Wasserkuppen-, Kreuzberg- und Kuppenrhön.

Die Sonne steht noch tief im Osten und die Bekassine lässt die Luft über dem Schwabenhimmel schwirren.
Vor den Augen entfaltet sich ein wahres Blütenwunder.
Kuckucks-Lichtnelke (Lychnis flos-cuculi) und Schmalblättriges Wollgras (Eriophorum angustifolium) mit eingestreuten Stauden-Lupinen (Lupinus polyphyllus) zaubern eine ungewöhnliche Farbskala auf die Feuchtwiese nahe der Hochrhönstraße. Man sollte die Rhön „Land der blühenden Wiesen" nennen.

An den zurückgeschlagenen turbanartigen Blütenhüllblättern erkennt man den Türkenbund Lilium martagon.
Auf den Matten am Heidelstein und Schwabenhimmel ist die bis zu einem Meter hohe Lilie nicht selten.
Doch so schön die Blüte, so unangenehm ihr Geruch.

Abends und nachts riecht sie am stärksten, dann erwartet sie den Besuch bestäubender Nachtfalter. Die Falter müssen wie Kolibris vor der Blüte stehen, weil die Perigonblätter so glatt sind, dass jeder Bestäubungsgast sofort abrutscht.

Der Botaniker wird den Heidelstein mit großem Gewinn besteigen.
Aber nicht nur die Hochstaudenflur mit Alpen-Milchlattich (Cicerbita alpina), Türkenbund (Lilium martagon), Arnika (Arnica montana), Wolfs-Eisenhut (Aconitum vulparia) und Spatelblättrigem Greiskraut (Senecio helenitis) wird seine Aufmerksamkeit beanspruchen, sondern auch die großartige Aussicht.

Im August heben sich die hellrosa bis purpurroten Traubenblüten des Schmalblättrigen Weideröschens (Epilobium angustifolium) deutlich von den grünbraunen Mähwiesen ab.

Wenn im Herbst der Wind die Wolken wütend über den Himmel jagt und Minute für Minute neue Lichtstimmungen zaubert, ist die Lange Rhön mit dem weiten Blick hinüber zum Thüringer Wald und zu den fernen Haßbergen ein ideales Wanderrefugium.

Ein abgestorbener Bergahorn (Acer pseudoplatanus) in der Nähe von Wüstensachsen macht selbst als Baumleiche noch eine gute Figur.
Im Hintergrund der 888 Meter hohe Steinkopf an der hessisch-bayerischen Landesgrenze.

Wer einen Eindruck davon gewinnen will, wie es einst am Steinernen Haus aussah, der besuche den heute wieder zugänglichen ehemaligen Abbaubereich am Gangolfsberg.

Wo ließe es sich freier atmen in Franken, wo freier fühlen …?
Zitat: Karlheinz Deschner

„Willst Du den Wald bestimmt vernichten, so pflanze nichts als reine Fichten", ließ einst ein Forstmann in Stein meißeln. Anlass war ein Sturm, der zigtausend Fichten in seinem Forst vernichtet hatte.

In den Hochlagen der Rhön wurden in den letzten Jahrzehnten große Waldabteilungen ebenfalls Opfer des Schneebruchs. Dennoch, zur richtigen Tageszeit bieten auch die vom Wanderer weniger geschätzten dunklen Fichtenforste überraschende Einblicke.

Der Wald ist nach Ernst Jünger eine Fakultät des Baumes in dem Sinne, dass man den Baum zwar ohne Wald, aber niemals den Wald ohne Baum denken kann.
Der Wald wird zwar durch den Baum gebildet, wirkt aber auch auf ihn zurück.
Im dichten Fichtenforst streben die Bäume – in Konkurrenz um das Licht – viel zu schnell in die Höhe und sind aus diesem Grund in Gefahr, ein Opfer von Wind- oder Schneebruch zu werden.

Eine frei stehende, langsam wachsende Fichte, die bis zum Boden beastet ist, kann hingegen mühelos allen Unbilden eines Rhönwinters widerstehen.

Der Parkplatz Schornhecke gilt als besonders günstiger Ausgangspunkt für Wanderungen über das Hohe Polster.
Von dort aus präsentiert sich die Rhön nach Raureifnächten kalt und schön.
Von den wärmenden Sonnenstrahlen profitiert aber zunächst nur die Wasserkuppe.
Wer im Winter zu früher Stunde mit Langlauf-Skiern unterwegs ist, sollte keinesfalls die markierten Pisten verlassen.

Diese Empfehlung ist nicht nur dem Schutz des Reh- und Birkwildes geschuldet, sondern mehr noch der eigenen Sicherheit. Auch nach klaren kalten Nächten kann überraschend schnell Nebel aufziehen und eine harmlose Ski-Tour in eine gefährliche Unternehmung verwandeln.

Der Wald im Elsbachgraben ist der schönste in der Rhön. Unzweifelhaft handelt es sich um den einzigen Rhönwald, den man, ohne in ein Flugzeug steigen zu müssen, aus der Vogelperspektive bewundern kann; man muss lediglich den Gangolfsberg bei Oberelsbach besteigen, um in den Genuss dieser Perspektive zu kommen.

Bäume

bäume
einsam auf rauhem gebirg
seit alters
aus dem stamme
der propheten

verankert tief
in klingendem fels
ergriffen
vom sturm
und den fluten des lichts
legen sie
standhaft
die zeiten aus

bezeugen
in eis und sonnenglut
aufrecht
die wahrheit
der tage

was aber hat
die glocke geschlagen
wenn man sie
tötet

W. Heller

Der „Tote Wald" am Stirnberg

Die Lange Rhön ist eine uralte Kulturlandschaft mit vielfältigen Vorzügen.
Besonders die Morgenstunden sind es, die für den Naturfreund unvergessliche Eindrücke bereithalten.
An wenigen Herbst- und Wintertagen ist aber auch die Zeit nach Sonnenuntergang von außergewöhnlichem Reiz.

Der Morgen zaubert die eindrucksvollsten Farben in den Wald am Gangolfsberg.
Buche und Basalt gehen hier eine Ehe ein, die nichts scheiden kann.

Der Nixenteich wird vom Oberelsbacher Graben gespeist, der das Wasser eines Quellbereiches auf der Langen Rhön sammelt und zu Tal führt. Während regenreicher Perioden stürzt sich der Bach in spektakulärer Manier über eine Basaltstufe und speist den idyllisch gelegenen Nixenteich.
Unterhalb der Thüringer Hütte versickert das Wasser des Oberelsbacher Grabens. In der Nähe von Sondheim v. d. Rhön tritt es wieder ans Tageslicht.

Die Rother Kuppe (711 m) am Fuße der Langen Rhön ist ein klassisches Rhöner Wanderziel.
Hüttenatmosphäre in einem Mittelgebirge gibt es kostenlos, die Zimmer in dem Betonturm sind allerdings kostenpflichtig.

Der Mathesberg ist nicht nur als Aussichtsberg geschätzt, sondern auch wegen seines Bestandes an alten Hutebuchen, die besonders im Herbst und Winter zu stimmungsvollen Motiven werden können.

Nebel in Unterfranken und auf der Langen Rhön, Sonne über dem oberen Ulstertal; eine Wettersituation, die nicht selten zu beobachten ist.
Dieser Blick bietet sich dem Wanderer vom Gipfel des Mathesberges (832 m). Der Mathesberg erhebt sich westlich der Bundesstraße B 278 auf halber Strecke zwischen Wüstensachsen und dem Roten Moor.

Durch das Naturwaldreservat Eisgraben

Merkwürdig gegensätzlich sind die Empfindungen beim Aufgehen der Sonne. Einerseits ist der Vorgang so lautlos wie die feierliche Stille in einer Kathedrale, andererseits wird die Stille dramatisch, wenn die Sonne endlich herauswächst aus dem Dunkel der Nacht.

Zuerst kriechen die rosaroten Sonnenstrahlen Millimeter um Millimeter von den verschneiten Wipfeln der Bäume herab, um schließlich die ganze Szene zu übergießen.
Kleinste Grashälmchen, deren Gestalt sich vorher in der endlosen Schneefläche verloren hatte, werfen plötzlich meterlange bläuliche Schatten und dann ist die Sonne endlich da und alles wird gleißend hell.

Der Sonnenaufgang lässt sich zu jeder Jahreszeit besonders gut an der Morgenseite der Langen Rhön beobachten. Wer den kleinen Parkplatz an der Verbindungsstraße von Hillenberg zur Hochrhönstraße ansteuert, hat eine gute Wahl getroffen. Man befindet sich zum einen abseits der Fahrstraße und zum anderen noch nicht in dem Naturschutzgebiet „Lange Rhön" mit seinen vielfältigen Verboten.
Diese winterliche Impression sei ausreichend als Einstimmung für eine Wanderung durch das 1978 ausgewiesene Naturwaldreservat Eisgraben.
Die kurze Wanderung, die zu jeder Jahreszeit reizvoll ist, beginnt an dem oben beschriebenen Parkplatz. Er liegt etwa auf halber Höhe zwischen Hillenberg und der Hochrhönstraße auf der nördlichen Seite und entzieht sich leicht dem Blick des eiligen Autofahrers.
Am interessantesten ist die Wanderung im Frühling. Je nach Verlauf der Witterung sollte man den Eisgraben entweder Ende Mai oder Anfang Juni aufsuchen.

Der Weg führt zunächst vorbei an blühenden Ebereschen in Richtung Hochrhönstraße. Rechter Hand fällt das Gelände erst leicht ab, strebt dann aber mit immer größer werdender Energie einem eingeschnittenen Graben zu, in dem das Wasser des Aschelbaches rauscht. Der Aschelbach wird beim Eintritt in den Buchenhochwald zum Eisgraben.

Wer den Frühling für die kurze Wanderung gewählt hat, ist geneigt, die Rhön als „Land der blühend bunten Wiesen" zu bezeichnen. Der Blick in die gerühmte offene Ferne wird dann eher unbedeutend, denn die Farbenpracht der Wiesen fordert die ganze Aufmerksamkeit des Wanderers.

Da blüht der Knöllchensteinbrech *(Saxifraga granulata)* in Mengen. Ihm gesellen sich die Hahnenfußgewächse Ährige Teufelskralle *(Phytheuma spicatum)* und Scharfer Hahnenfuß *(Ranunculus acris)* hinzu.

Die Farbsinfonie aus gelben und weißen Farbflächen wird angereichert durch die tief blauviolette Tönung der Blüte des Waldstorchschnabels *(Geranium sylvaticum)*, der als Herrscher der Rhönwiesen in der Zeit von Ende Mai bis Anfang Juni bezeichnet werden darf. Er allein gibt vielen Hochrhönwiesen ihr unverwechselbares Frühlingsgepräge.

Sicher hängt die große Verbreitung der Art mit den idealen Boden- und Klimaverhältnissen zusammen, aber sicher auch mit der höchst effektiven Ausbreitungsstrategie der Pflanze. Lösen sich nach der Samenreife die Fruchtfächer von der Mittelsäule der Blüte, werden die Samen katapultartig bis zu 2,7 Meter weit geschleudert.

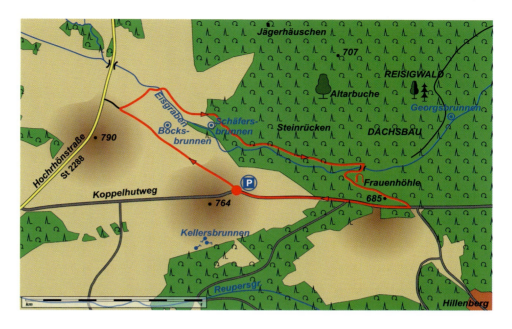

Neben all den Frühlingsarten hat sich auch eine Orchideenart bis hinauf auf etwa 850 Meter vorgewagt. Nur ein paar Meter neben dem federnden Wiesenpfad entdecken wir kleine Ansammlungen der Kuckucksblume *(Dactylorhiza majalis)*, die Nasswiesen und Quellsümpfe auf nährstoffarmen Böden liebt.

Die hübsche Orchidee, die zur Familie der Knabenkräuter gezählt wird, ist in ihrem Bestand gefährdet, weil sie immer öfter Opfer von Trockenlegung und anderen landbaulichen Maßnahmen wurde.

Wenige Schritte vor der Hochrhönstraße knickt der Wiesenweg nach Norden ab.
Wir folgen dem Hinweis „Eisgraben Wasserfall".

Neben einem kleinen Rastplatz stürzt sich der Aschelbach über Basaltsäulen etwa drei Meter in die Tiefe. Man wundert sich, dass trotz des goldbraunen Moorwassers eine schneeweiße Gischt entsteht. Das muntere Wasser fließt Richtung Hausen ab und nutzt das tief eingeschnittene Bachbett, das seine heutige Form einem Unwetter Anfang des 19. Jahrhunderts verdankt.

„Am 26. Juli 1834 früh 10 Uhr bemerkte man, daß eine schwere Gewitterwolke sich ganz auf das Rhöngebirge niedergelassen hatte. Um 11 Uhr fing es zu blitzen und zu donnern an. Um halb 12 Uhr fielen, nach Aussage eines alten Hirten auf der Rhöne große Schlossen. Um 12 Uhr fing das Wasser im Eisgraben an zu wachsen. Um halb 1 Uhr kam der Strom aus dem Eisgraben 6 Schuh hoch hervor, führte eine unzählige Menge von 6 bis 20 Zentner schweren Wackersteinen mit sich und stürzte sich auf das Oertchen Hausen in der Rhön ... Entwurzelte starke Baumstämme, ungeheure Wackersteine durchbrachen die Wohnhäuser, stießen Schweineställe um, rissen Scheunen darnieder, tödteten eine Frau mit ihrem Kinde, höhlten die Straßen zu Gruben aus, und überführten Gärten und Wiesen, die auf lange Zeit öde und wüst bleiben müssen.

Ja, wäre der lange, bis zum Gipfel der Rhöngebirge aufwärts ziehende und mehr einem engen Thale gleichende Eisgraben nicht mit mehreren tausend großen Buchenstämmen und schönen Stangen bewachsen gewesen, so wäre Hausen nunmehr ein schauerlicher Steinhügel, und kein Mensch wäre zu retten gewesen."

Der Lauf des Eisgrabens wird abschnittweise von guten Beständen des Silberblattes (Lunaria rediviva) begleitet. Im Winter leuchten die blassen Scheidewände der Schötchen im Gegenlicht.

So weit der Zeitzeuge V. Mauer, der diesen Text noch im Jahr des Unwetters *"zum besten der verunglückten Rhönbewohner"* herausgab.

Durch die anschauliche Schilderung V. Maurers erfahren wir, dass der Eisgraben schon vor dem Unwetter das Schwarze Moor nach Süden entwässerte. Die Wassermassen verwandelten das enge Tal aber in eine ehrwürdige Rune im strengen Gesicht der Langen Rhön. Wir wandern talwärts und werden von dem Rauschen des Eisgrabens begleitet. Es untermalt unseren Schritt, klingt ganz nahe, dann wieder fern, dumpf und hell, jung und bald müde wie ein Greis.
Links und rechts des Eisgrabens konnte sich in den letzten Jahrzehnten der vielleicht schönste Bergschluchtwald der Rhön entwickeln.
Der schattige Waldweg führt vorbei an einem Waldhaus, das unmittelbar vor dem Eingang eines ehemaligen Braunkohlestollens steht.

Das Unwetter im Jahre 1834 hatte nicht nur 6 bis 20 Zentner schwere Wackersteine nach Hausen gerollt, sondern auch einen Braunkohlegang freigelegt, der aber schon bald wegen zu geringer Heizleistung der Kohle aufgelassen und schließlich gesprengt wurde.

Kurz bevor der Wanderweg den Eisgraben in einer engen Kehre in südlicher Richtung quert, lohnt es sich, den Unterwuchs des Ahorn-Eschen-Hangschuttwaldes im Auge zu behalten.

Das Ausdauernde oder Wilde Silberblatt *(Lunaria rediviva)* bildet auf den sickerfeuchten bachnahen Bereichen ebenso beachtliche Bestände wie etwa ab Ende Juni bis Anfang August die seltene Breitblättrige Glockenblume *(Campanula latifolia)*.
Die Campanulaceae mit den breiten Blättern *(breitblättrig: lat. latifolius)* liebt diese steinigen, durchsickerten Bereiche und ist zudem auf die hohe Luft-

Der Eisgraben wird im Herbst zuweilen zu einem schmalen Rinnsal.

feuchtigkeit in unmittelbarer Nähe des Eisgrabens angewiesen.

Der in Bayern nur noch an sehr wenigen Stellen vorkommende Pillenfarn *(Pilularia globulifera)* hat hier ebenfalls einen Wuchsort. Da die Pflanze aber nicht nur sehr selten, sondern auch unscheinbar ist, lohnt sich die Suche nur für den passionierten Botaniker.

Auf dem Weg in Richtung Hillenberg sind im Hochsommer die hängenden rubinroten Trauben der Roten Johannisbeere *(Ribes rubrum)* nicht zu übersehen. Gelegentlich fliegt sogar ein Admiral *(Vanessa atalanta)* auf, um sich so vor dem eiligen Schritt des Wanderers in Sicherheit zu bringen. In aller Regel wird er schon nach kurzer Zeit zurückkehren, um an der feuchten Wegstelle die in der Flüssigkeit gelösten Nährstoffe aufzunehmen. Schmetterlinge benötigen die Nahrung nicht etwa für ihr Körperwachstum, sondern im Falle von Weibchenfaltern nur zur Eireifung.

Das Admiralweibchen wird nach einigen Tagen seine Eier an die Blätter der Brennnesseln *(Urtica dioica)* anheften. Die Räupchen werden nach ein, zwei Wochen aus den Eiern schlüpfen. Nun werden sie fressen, bis die Raupenhaut zu eng geworden ist. Dann häuten sie sich, um weiterfressen zu können. Nach mehreren Häutungen werden sie je ein großes Brennnesselblatt mit ihren Spinndrüsen zu einer bauchigen Tüte zusammenziehen. Das Licht ist ihnen lästig geworden, sie ziehen sich lieber zurück, hängen sich auf, werfen ihre Raupenhaut ab und werden zu Puppen. In den mit golden glänzenden Makeln geschmückten Zeremonienhäusern vollzieht sich nun das Mysterium der Metamorphose.

Die Puppenzeit dauert je nach Witterungsverhältnissen etwa zwei Wochen.

Nach dieser Begegnung setzen wir unseren Weg fort, der aber schon nach einigen hundert Metern abermals unterbrochen wird. Wir stehen vor dem Eingang der Frauenhöhle, der nur wenige Schritte neben dem Fahrweg liegt.

Der Name dieser Naturhöhle erklärt sich so: In Kriegszeiten konnten die Frauen des nahen Hildenburger Schlosses in ihr Schutz vor brandschatzenden und marodierenden Soldaten finden.

Höhlen im Basalt sind übrigens sehr seltene Erscheinungen.
Hermann Happel aus Wüstensachsen fand im Jahre 1965 einen Einstieg zu einer etwa sechs Kubikmeter großen Höhlung. Im unteren Teil der Höhle entdeckte er eine schwere Steinplatte, unter der ein Eschenast eingeklemmt war. Unter der Steinplatte konnte er einen Gang ausmachen, der Teil der sagenumwobenen Verbindung zum Hildenburger Schloss hätte sein können.

Das Schloss stand einst auf einer spornartigen Erhebung nahe dem kleinen Weiler Hillenberg. Die Erhebung heißt noch heute Schlossberg und schmückt sich – wie der Eisgraben – mit einem Naturwaldreservat.
Im Jahre 1972 mussten aber alle sorgsam entwickelten Hypothesen um die Frauenhöhle aufgegeben werden. Auf dem Millimeterpapier einiger Düsseldorfer Höhlenforscher entwickelten sich nach und nach die Konturen eines Höhlensystems von nur 50 Meter Länge und 20 Meter Tiefe. Weder eine Verbindung zu einem ausgedehnten Gangsystem noch eine Weiterführung der Höhle in Richtung Schlossberg konnten ausgemacht werden.
Damit war der Mythos der Frauenhöhle endgültig gefallen. Für die nüchternen Rhöner war sie immer nur das „Klefallsloch" geblieben.

Wer diese Wanderung im Juli unternimmt, hat gute Chancen, einen der aufregendsten Schmetterlinge der Rhön auf dem ehemaligen Holzlagerplatz unmittelbar zwischen dem Hochwald und der Verbindungsstraße Hausen-Hochrhönstraße zu entdecken.
Der Dukatenfalter *(Heodes virgaurea)* lebt hier schon seit vielen Jahrzehnten. Vor allem die spektakulären Männchenfalter sind ab Mitte Juli ruhelos unterwegs. Sie halten Ausschau nach den etwas später schlüpfenden Weibchen oder sie vertreiben Rivalen aus ihrem Revier. Wagt sich ein Konkurrent in den Bereich eines Faltermännchens, reagiert es mit heftigen Flugattacken, in deren Verlauf sich die beiden Streitfalter bis in den Wipfelbereich der höchsten Buchen schrauben. Erst wenn einer von beiden nachgibt und abdreht, kehrt der Sieger befriedigt in das alte oder neu gewonnene Revier zurück.
Das „Platz-Falterchen" verjagt aber nicht nur die Männchen seiner eigenen Art, sondern fliegt auch immer wieder heftige Attacken gegen die doppelt so großen Kaisermäntel *(Argynnis paphia)*.
Für den Fotografen ist es eine gute Gelegenheit, sich dem kleinen Falter auf Makroentfernung zu nähern. Alles, was dazu erforderlich ist, ist die richtige Ausrüstung (Spiegelreflexkamera mit einem 100-mm-Makro-Objektiv) und eine gewisse ausdauernde Aufmerksamkeit.
Es sei aber ausdrücklich darauf hingewiesen, dass diese Unternehmung die Gesamtzeit der Wanderung beträchtlich verlängern kann.

Nachdem der Dukatenfalter „im Kasten" ist, kann die Wanderung fortgesetzt werden.
Nur noch wenige hundert Meter trennen uns jetzt von dem Start- und Zielpunkt unserer Rundwanderung.

Wandereindrücke brauchen Zeit, sie müssen sich setzen können und wollen in Ruhe verarbeitet werden, um ihre Erholungswirkung erzielen zu können.
Vielleicht gelingt das bei einem kühlen Bier in der Thüringer Hütte oder der Sennhütte in der Nähe des Schwarzen Moores. Aber auch der Holzberghof und der Kreuzberg mit jeweils besonders dichter Rhön-Atmosphäre eignen sich bestens für dieses Vorhaben.

Der Entomologe Dr. Otakar Kudrna, der sich um die Erforschung der Tagfalterfauna der Rhön verdient gemacht hat, beschreibt den Dukatenfalter (Heodes virgaurea) als „ziemlich häufig". Dieser Befund ist besonders für die mittleren Höhenlagen der bayerischen Rhön zutreffend. Wenn es gelingt, sonnige Grasstreifen an den Waldsäumen zu erhalten, auf denen der Wiesen-Sauerampfer (Rumex acetosa) gedeihen kann, können auch zukünftig die kleinen Raupen des Dukatenfalters Nahrung finden, um sich schließlich in „fliegende Edelsteine" zu verwandeln.
Die Männchenfalter sind sehr viel auffälliger gezeichnet als die Weibchen. Den Dukatenfalter kann man in der Rhön ab Anfang Juli bis in den August hinein beobachten.

Der Aschelbach springt über etwa drei Meter hohe Basaltsäulen in die Tiefe und wird erst nach dem Eintritt in den Buchenhochwald zum Eisgraben.

Herbst im Naturwaldreservat Eisgraben.

Durch das Schwarze Moor

Bis in das 17. Jahrhundert hinein gab es für die Menschen gar keinen Zweifel: Moore waren eine durch Gottes Hand verordnete Plage zur Strafe der Menschen.
Man glaubte, dass die brennenden Seelen ungetauft gestorbener Kinder als Irrlichter herumgeisterten und die Sünder in den tödlichen Sumpf zögen.
Diese Legendenbildung entsprach der Erfahrung der Menschen mit dem Moor. Das Moor war lange Zeit „stärker" als der Mensch, galt als lebensgefährlich und war es auch. Es wurde von den Menschen entweder gemieden oder abgeplaggt, um mit dem getrockneten Torf die dürftigen Hütten zu heizen oder nach Abbrennen der Flächen Buchweizen anzubauen.
Vielleicht darf man deswegen auch von einem Racheakt am Moor sprechen, wenn man noch vor einigen Jahrzehnten Moorkultivierung als vornehme Pionieraufgabe und große Kulturleistung lobte und förderte. Vor Beginn der Trockenlegungen gab es in Deutschland jedenfalls mehr als eine Million Hektar intakter Moorfläche, geblieben sind uns gerade noch 150.000 Hektar.

Heute sehen wir im Moor sicher keine Plage mehr, dafür aber gerne eine Urlandschaft.
Befragt man das Wörterbuch, erfährt man, dass durch die Vorsilbe „Ur" der Wert von Landschaft im Sinne von „in die Anfänge zurückreichend" gesteigert wird.
Demzufolge müsste eine Urlandschaft eine in die Anfänge zurückreichende Landschaft sein.

Nach gängiger Auffassung ist eine Urlandschaft allerdings nur ein vom Menschen unbeeinflusster Ausschnitt der Landoberfläche, der durch das Wirkungsgefüge vorhandener Geofaktoren sowie durch Lage und Lagebeziehungen bestimmt wird und sich als charakteristische Raumeinheit darstellt.

So weit, so gut. Aber kann es heute überhaupt noch Landschaften geben, die vom Menschen unbeeinflusst sind, und trifft die eher akademische Beschreibung wirklich den Kern der Sache?
Nein, denn auch ohne dass der Mensch unmittelbar aktiv geworden wäre, würden allein durch die vielfältigen Verbrennungsvorgänge pro Jahr etwa 150 kg Stickstoff auf jeden Hektar Moor eingetragen. Diese enorme Düngermenge kann auf Dauer nicht folgenlos bleiben für die Pflanzen, die sich im Laufe der Evolution aus Nährstoffmangel zu wahren Hungerkünstlern entwickelt haben.
Und selbst von direkten menschlichen Eingriffen blieb das Schwarze Moor nicht verschont. In Hausen v. d. Rhön wurden zum Beispiel Ende des 19. Jahrhunderts langfristige Pachtverträge über die Nutzung des Moores als Torfgrube abgeschlossen; das jährliche Pachtgeld: 120 Reichsmark.

Vielleicht sollten wir Urlandschaften treffender als Primärlandschaften bezeichnen. Dieser Begriff ist präziser, erschließt sich ebenfalls leicht und deckt sich zudem mit der angelsächsischen Sprachauffassung, die Urlandschaft mit „primeval landscape" übersetzt.

Primärlandschaften sind wie offene Fenster, die uns den Blick auf Landschaften erlauben, die es schon gab, als an uns noch lange nicht zu denken war, und an die nie ein Mensch unmittelbar Hand anlegte.
In der Rhön kann man neben den Mooren vor allem die Basaltblockmeere und einige Waldabteilungen der Kategorie Primär- oder Urlandschaft zuordnen.

Damit wäre zunächst ein Aspekt der Urlandschaft – die Vorsilbe „Ur" – beleuchtet.

Wie steht es aber mit dem Begriff Landschaft?

Der Begriff Landschaft hat sich in den letzten Jahren zu einem unscharfen Begriff gewandelt, seit er zunehmend in Zusammensetzungen gebraucht wird.

Was wird uns nicht alles als Landschaft angeboten?

Neben der Medienlandschaft sind uns die Seelen- und Dächerlandschaft, die Bildungs- und Wohnlandschaft, die politische und die blühende Landschaft bekannt, die als Metapher für eine wirtschaftlich prosperierende Lage dient.

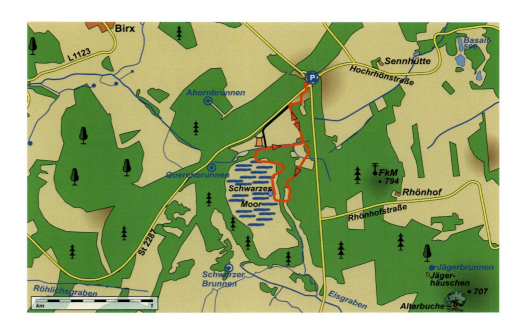

Bei einem derart inflationären Umgang mit dem Begriff Landschaft ist es umso wichtiger, dass wir uns gelegentlich noch Primär- oder Urlandschaften versichern können. Sie bieten sich mehr als je zuvor als Gegenentwürfe für das Künstliche in unserer Welt an und können vielleicht sogar mithelfen, unsere Seelen in eine stabilere Lage zu bringen.

Im Übrigen kann man eine Landschaft kaum erklären, man kann sie höchstens erleben und erfühlen.

Gerade Landschaften, die wir als schön empfinden, lassen sich am wenigsten begrifflich fassen, weil eben das Schöne in der Natur erst im Zusammenspiel von Naturform und subjektiver Ergriffenheit entstehen kann.

Vielleicht sollte man die Maler fragen, am besten die Romantiker, die als erste die subjektive Sicht auf die Landschaft entdeckten.

Aber wahrscheinlich wären wir mit ihren Antworten unzufrieden, denn sie konnten zwar das Wesen einer Landschaft erfühlen und trefflich mit Stift, Kohle oder Pinsel, aber wahrscheinlich weniger gut mit Worten zeichnen.

Wie kann man also einer Primär- oder Urlandschaft gerecht werden, sie vielleicht sogar verstehen?

Man muss vor allem von dem Gedanken abkommen, sie unter dem Aspekt der Nützlichkeit zu sehen, und man muss das Kunststück wagen, den Wald und gleichzeitig die Bäume wahrzunehmen.

Alexander von Humboldt drückte sich einmal so aus: Oftmals unterliegt der Wissenschaftler der „Masse der Einzelheiten" und versäumt somit, die Natur in ihrer Gesamtheit als „Einheit in der Vielheit" und als „lebendes Ganzes" zu betrachten.

Da viele Leser dieser Zeilen wahrscheinlich nicht von wissenschaftlichen Ambitionen getrieben werden, unterliegen sie – ganz im Gegensatz zu dem Wissenschaftler – erfahrungsgemäß einem anderen Versäumnis: Sie sehen nur den Wald und nicht die Bäume.

Die Einheit in der Vielheit zu erkennen, ist eine der Herausforderungen für den Moorwanderer.

Da es nicht notwendig ist, den Weg durch das Schwarze Moor zu beschreiben – ein stabiler Bohlensteg, der auch für Rollstuhlfahrer geeignet ist, übernimmt die Aufgabe des Führers –, ergibt sich die Möglichkeit, neben einer etwas grundsätzlicheren Einleitung, auf besondere Details hinzuweisen, deren Beachtung in der Summe erst jene kaleidoskopische Wirkung erzeugt, die einen Moorspaziergang zu einem großen Naturerlebnis werden lässt.

Hochmoore sind besondere Lebensräume. Sie sind extrem nährstoffarm, bestehen zu über 90 Prozent aus Wasser und haben doch keinerlei Verbindung mit dem Grundwasser, vielmehr besitzen sie einen eigenen, viele Meter über dem eigentlichen Grundwasserspiegel liegenden extrem nährstoffarmen Moorwasserspiegel.
Hochmoore sind Regenmoore, sogenannte ombrogene Torfmoos-Moore, die sich aus einem Überschuss an Regenwasser bei gleichzeitigem Sauerstoffmangel aus den abgestorbenen Vegetationsteilen verschiedener Torfmoose bilden.
Bedingung für die Moorbildung ist also, dass die Niederschlagsmenge größer ist als die durch Verdunstung und Abfluss entzogene Wassermenge.
Auf der regenreichen Rhön mit über 1000 mm Niederschlag pro Jahr (1000 l pro m^2 und Jahr) ist diese Bedingung jedenfalls erfüllt.

Die Oberfläche eines Hochmoores ist in der Regel nicht eben, sondern weist ein mosaikartiges Muster von kleinen Erhebungen – den Bulten – und den dazwischen liegenden nassen Senken – den Schlenken – auf.
Diese Höhengliederung geht auf unterschiedliche Feuchtigkeitsansprüche der Torfmoose zurück.

Über ein Moor zu schreiben, ohne sich mit den Torfmoosen zu beschäftigen, ist unmöglich, denn es gilt: ohne Moos nix los.
Torfmoose besitzen ganz im Gegensatz zu höheren Pflanzen keine Wurzeln. Sie nehmen dafür über ihre ganze Oberfläche Nährstoffe auf und wachsen an der Spitze des Sprosses unaufhörlich weiter, während die unteren abgestorbenen Teile in der sauren Umgebung nicht zersetzt werden können und vertorfen.
Torfmoose haben die Fähigkeit entwickelt, in ihren Speicherzellen das Zwanzigfache ihres Trockengewichtes an Wasser aufzunehmen. Zudem können sie den Säurewert des Wassers so stark herabsetzen, dass alle Bakterien in der aggressiven Humussäure abgetötet werden. Auf diese Weise behalten sie im Konkurrenzkampf mit anderen Pflanzen stets die Oberhand.

Ein Moor wächst folglich auf den abgestorbenen Teilen der Torfmoose immer weiter und es entsteht die für intakte Hochmoore typische uhrglasförmige Wölbung, die vor allem vom Südwesten des Bohlensteges gut zu beobachten ist.
In den wassergefüllten Schlenken wächst zum Beispiel das Gekrümmte Torfmoos *(Sphagnum recurvum)*, während das Rote *(Sphagnum magellanicum)* und das Bräunliche Torfmoos *(Sphagnum fuscum)* gelegentliche Austrocknung vertragen und deshalb die Bulte aufbauen können.
Wachsen die Bulte so hoch, dass die Wasserbilanz für die Moose nicht mehr stimmt, sterben sie ab. Damit ist die Höhenentwicklung des Bultes beendet.
Aus Schlenken kann bisweilen ein Moorauge oder Kolk mit beträchtlichen Ausmaßen entstehen.
Tiefenmessversuche von Leo Stumpf aus Melperts und dem Verfasser, die Mitte der 60er Jahre durchgeführt wurden, zeigen, dass ein 2 kg schweres Senkblei – in der Mitte des mit etwa 50 m^2 größten Moorauges niedergelassen – erst nach 3,5 m den Grund erreichte.

Zu dieser Zeit traf man in den Ferienmonaten bisweilen Touristen bei übermütigen Schlammschlachten mit anschließendem ausgedehnten „Reinigungsbad" in dem durch gelöste Humusstoffe kaffeebraunen Moorwasser. Dass bei dieser Gelegenheit die wertvolle Vegetation an den Rändern des zentralen Kolkes zerstört wurde, liegt auf der Hand. Opfer dieses zweifelhaften Badevergnügens wurde übrigens der Bestand der Blumenbinse *(Scheuchzeria palustris)*.

Das Mikroklima der Moore weicht von dem der Umgebung stark ab, denn am Tage verdunstet es sogar mehr Wasser als eine offene Wasserfläche.

So wie es keinen Wald ohne Bäume gibt, so kann es auch kein Moor ohne Moos geben.
Moose sind die eigentlichen Moorbildner. Sie besitzen keine Wurzeln und nehmen dafür über die gesamte Oberfläche Nährstoffe auf.
An der Spitze des Sprosses wachsen Moose unaufhörlich weiter, während die Basis abstirbt und so zum Höhenwachstum eines Moores beiträgt.
Im Bild das Goldene Frauenhaar (Polytrichum commune).

Durch die Verdunstung wird dem Moorkörper Wärme entzogen, mit dem Ergebnis, dass sich die Mooroberfläche weniger erwärmt als ihre Umgebung.

Moore sind die Kühlschränke der Rhön. So wird es verständlich, dass neben borealen Florenelementen auch Relikte der Eiszeit in dem kühlfeuchten Klima der Rhöner Moore überleben konnten.
Laubbäume können im zentralen Moorbereich wegen der ungünstigen Standortbedingungen nicht wachsen. Zudem entzöge eine belaubte große Birke dem Moor pro Tag 100 Liter Wasser. Das ist immerhin eine ganze Badewanne voll jenen Elementes, von dem ein Regenmoor lebt; denn schließlich ist das Wasser der prägende Umweltfaktor eines Moores.
Der zentrale Moorbereich ist deshalb auch nur spärlich mit krüppeligen Kiefern bewachsen, die besonders an Nebeltagen den Eindruck sibirischer Weite und Einsamkeit verstärken.
Zu den besonders interessanten Moorpflanzen gehört der Rundblättrige Sonnentau *(Drosera rotundifolia)*, der im Laufe seiner Entwicklung sogar zum Fliegenfänger wurde, um auf den sauren Hungerböden überleben zu können. Mit klebrigen Tentakeln fängt er kleine Insekten, um sie anschließend zu verdauen. Dieses fleischliche Zubrot ist aber nicht unbedingt notwendig, denn der Sonnentau kann auch ohne Fleischbeilage überleben. Wer ihn finden will, sollte vor allem in dem von dem großen Moorauge nach Süden führenden Teil des Steges die Ränder der Schlenken sorgfältig absuchen.

Es gibt bei uns kein anderes Gras, das eine Landschaft so auffällig zu schmücken vermag wie das Moor- oder Scheidige Wollgras *(Eriophorum vaginatum)*.
Das Moor-Wollgras wächst vor allem auf den Torfmoosbulten und fällt erst während der Fruchtphase im Mai ins Auge, wenn die einzelnen endständigen Wollschöpfe der Fruchtstände wie übergroße Schneeflocken den fahlen Moorboden zieren.
Das Schmalblättrige Wollgras *(Eriophorum angustifolium)* liebt hingegen stark vernässte Bereiche wie etwa

Scheidiges Wollgras (Eriophorum vaginatum)

Moosbeere (Vaccinium oxycoccus)

den wasserführenden östlichen Entwässerungsgraben.
Der hübsche Europäische Siebenstern *(Trientalis europaea)*, ein Myrsinengewächs, ist trotz einer siebenzähligen reinweißen Krone dagegen eher unauffällig. Zur Blütezeit wird man ihn im östlichen Teil unmittelbar neben dem Bohlensteg finden können.
Die Moosbeere *(Vaccinium oxycoccus)* ist kaum als Zwergstrauch zu erkennen, denn das lockere schlingenartige Geflecht der Triebe überzieht die Bulte ganz unauffällig. Aus der zartrosafarbigen Blüte wird schließlich eine vitaminhaltige, säuerlich schmeckende rote Beere, die in Skandinavien zur Herstellung von Marmeladen genutzt wird.

Unscheinbar und doch populär. Es wird wohl kaum einen Moorbesucher gegeben haben, der nicht versucht hätte, das fleischfressende „Ungeheuer" unter den Moorpflanzen zu entdecken.
Es gelingt aber nur wenigen, obwohl der Rundblättrige Sonnentau (Drosera rotundifolia) unmittelbar neben dem Holzbohlensteg wächst.

Dagegen ist die teppichbildende Schwarze Krähenbeere *(Empetrum nigrum)* nicht zu übersehen. Die schwarzen Steinfrüchte werden von Krähen verbreitet (Verdauungsverbreitung) und in Nordeuropa besonders nach Frosteinwirkung in Mengen verzehrt. Die Krähenbeere kann bis zu 80 Jahre alt werden.
Die Rosmarinheide *(Andromeda polifolia)* soll ebenfalls im Moor vorkommen, konnte aber vom Verfasser in den letzten Jahrzehnten nicht gefunden werden.
Die rosa blühende Besenheide *(Calluna vulgaris)*, auf der sich gelegentlich sogar ein Tagpfauenauge *(Inachis io)* niederlässt, ist hingegen keine typische Moorpflanze, denn sie kommt bevorzugt auf trockenen Stellen vor und weist auf eine Verheidung des Moores hin, während die Rauschbeere *(Vaccinium uliginosum)* zum Arteninventar eines funktionierenden Moores gehört.
An den Blättern der Rauschbeere, die mit der Heidelbeere nah verwandt ist, fressen die Räupchen des Moorgelblings *(Colias palaeno)*, der im Schwarzen Moor nicht nachgewiesen, aber im Roten Moor Anfang der 90er Jahre erfolgreich wieder angesiedelt wurde.

Das Weibchen des Hochmoor-Perlmutterfalters *(Boloria aquilonaris)* heftet hingegen seine Eier an die Unterseiten der Moosbeerenblätter. Die frisch geschlüpften Räupchen überwintern, ohne Nahrung aufzunehmen.

Erst nachdem die Zwergsträucher im späten Frühling junge Blätter ausgetrieben haben, beginnt die Fressphase der Tiere. Die mittlerweile sehr seltenen Perlmutterfalter sind am ehesten in den mit Nektarpflanzen besetzten Randbereichen des Moores zu finden.
In diesem Übergangsbereich hin zum Niedermoor sollte der Moorwanderer vor allem im nördlichen Bereich neben den Beständen der Öhrchenweide *(Salix aurita)* den Karpatenbirkenwald, der zu jeder Jahreszeit beeindruckende Einblicke bietet, angemessen würdigen. Die Karpatenbirke *(Betula carpatica)* ist eine Gebirgsunterart der Moorbirke.
In den wasserführenden Gräben findet sich zuweilen auch der Fieberklee *(Menyanthes trifoliata)* mit seiner filigran gebauten, langgestielten Blütentraube.
Früher galt die Pflanze als Arzneimittel, der fiebersenkende und appetitanregende Wirkung nachgesagt wurde. Die namengebende fiebersenkende Wirkung konnte allerdings bis heute wissenschaftlich nicht bestätigt werden.
Wandert man während der Tagesrandzeiten über den Bohlensteg, wird man mit einer großen Ruhe belohnt. Vielleicht reckt eine Rehgeiß neugierig ihren Kopf aus dem dichten Pfeifengrasbestand, oder man vernimmt das leise Wispern eines Wintergoldhähnchens, sonst nichts. Nur Ruhe, Moor und Himmel.

Nichts bewegt sich, Stille.
Doch die Ruhe ist trügerisch, denn in Wirklichkeit ist alles in Bewegung. Noch immer wächst das Moor Jahr für Jahr um etwa 1 mm und der Zeitpunkt, seitdem man das Schwarze Moor als Hochmoor bezeichnen kann, liegt schon Tausende von Jahren zurück.
Erst dann nämlich, wenn der Torfkörper eine Höhe von 30 cm überschritten hat, darf man nach neuerer Auffassung von einem Hochmoor sprechen.
Im Schwarzen Moor hat sich eine Torfschicht von etwa 6 m aufgetürmt.
Daraus lässt sich leicht errechnen, dass das Moor mindestens 6000 Jahre alt sein müsste.
Das Schwarze Moor, genau wie alle anderen Mittelgebirgsmoore, ist nicht etwa ein Relikt der Kaltzeit. Viel-

Ein Tagpfauenauge (Inachis io) auf blühender Besenheide (Calluna vulgaris)

mehr wurde es nach Dierssen 1990 erst im Spätpleistozän (Ende der Würm-Kaltzeit) in den Mittelgebirgsregionen warm genug, dass der Entwicklungszyklus vom Niedermoor zum Hochmoor beginnen konnte.
Der Übergang zur Hochmoorbildung hat wahrscheinlich ab dem Atlantikum (6300 bis 2500 Jahre v. Chr.) eingesetzt.

Wer in den Torfschichten wie in einem Buch zu blättern versteht, wird aus dem Pollenarchiv die Vegetations- und damit auch die Besiedelungsgeschichte der ganzen Rhön entziffern können.
Torfmoose speichern also nicht nur Wasser, sondern auch Informationen, die einen Blick in unsere ferne Vergangenheit ermöglichen, und sie bestimmen auch wesentlich das Bild des Moores. Im Moor treibt es die Natur nämlich nicht ganz so bunt wie anderswo, hier trägt sie Pastell.

Nachdem Sie sich nun ein Grundgerüst an Informationen über das Moor erarbeitet haben, sollten Sie am besten frühmorgens über den Bohlensteg des Schwarzen Moores dahinwandern wie ein Pilger, der auf der Suche ist nach einem Heiligtum.
Das ist die förderliche innere Haltung, die es Ihnen vielleicht ermöglicht, wenigstens für die Dauer eines Wimpernschlages, Teil einer Urlandschaft zu werden.
Indessen, vor einer Überdosis Urlandschaft muss sich der Wanderer nicht fürchten. Das Schwarze Moor ist mit nur 66 ha gut zu überblicken und der Bohlensteg, der zu einigen aufschlussreichen Punkten des Moores führt, hat lediglich eine Länge von 2,2 km.
Hinweistafeln weisen den Besucher zwar auf viel Wissenswertes hin, den Hinweis aber, dass das Schwarze Moor wegen seiner einzigartigen, fast modellhaften Gliederung ein Moor von europäischem Rang ist, wird man vergeblich suchen.

Wer die Rhön bereist und die Moore ausspart, dem fehlen im Rhöner Farbenspiel nicht nur die Pastelltöne der Moor-Farbpalette, sondern er wird dieses Gebirge auch niemals verstehen können.

Die Karpatenbirke (Betula carpatica) ist eine Gebirgs-Unterart der Moorbirke, die im Schwarzen und im Roten Moor gute Bestände ausgebildet hat.

Eine Ahnung nordischer Strenge vermittelt der Karpaten-birkenbestand im Schwarzen Moor.
Große Frosthärte und Anspruchslosigkeit machen die Moor-birke zu einem Pioniergehölz, dessen Pollen man folgerichtig auch in vielen Bodenprofilen entdecken kann.

Der Bohlenweg schlängelt sich gelassen vorbei an Schlenken und Bulten, vorbei auch an Karpatenbirke und Öhrchenweide. Für den genussvollen Rundweg sollte man viel Zeit mitbringen, denn immer wieder wird man stehen bleiben, schauen und lauschen. Besonders im späten September und im Oktober sind frühe Besuche sehr zu empfehlen.

Nach den goldenen Oktobertagen ...

... folgt schon bald der erste Schnee.

*Sie vermittelt die Illusion sibirischer Weite und Einsamkeit:
die Moorkiefer.
Geringes Dickenwachstum, Krüppelwuchs und kürzere Nadeln
sind Unterscheidungsmerkmale zur Waldkiefer.*

Zur Blauen Blume der Rhön – eine Frühlingswanderung

In den allermeisten Jahren dauert es lange, bis sich der Frühling in die hohen Lagen der Rhön emporgekämpft hat.
Noch im Mai fällt das Thermometer gelegentlich unter 0°C, und selbst im Wonnemonat muss eine geschlossene Schneedecke nicht unbedingt zu den Jahrhundertereignissen gezählt werden.
Dennoch, der Frühling, der allegorisch als wandernder Gesell gesehen wird, ist schon längst oben gewesen auf der Rhön; lange bevor Kirsche und Schlüsselblume vom offiziellen Frühlingsbeginn künden. Er hat zunächst eine Reihe oft übersehener Pflanzen mit seinem warmen Atem aus dem Winterschlaf geweckt. Zu ihnen gehört, neben Märzenbecher, Huflattich und Seidelbast, vor allem die „Blaue Blume" der Rhön.

Wir sehen in ihr nicht, wie einst der Dichter Novalis (1772–1801) in seinem Roman „Heinrich von Ofterdingen", ein Symbol der romantischen Poesie, sondern – sehr viel nüchterner – einen Frühblüher aus der Familie der Hyazinthengewächse *(Hyacinthaceae)*.

Die Wanderung, die für die Zeit vom 20. März bis Anfang April anzuraten ist, führt in die thüringische Vorderrhön.

Der Arzberg, ein bewaldeter Bergkegel mit einer Höhe von 572 Metern, zwischen dem Felda- und dem Ulstertal gelegen, ist das Ziel der kurzen, aber sehr genussreichen Wanderung.
Es ist keineswegs die Höhe, die den Arzberg emporhebt über alle anderen Thüringer Vorberge, sondern eben jene Blaue Blume.

Man erreicht das Wanderziel, indem man zunächst per Pkw die kleine Ortschaft Otzbach ansteuert.
Otzbach verdankt seinen Namen dem Holzbach, denn noch zu Anfang des 20. Jahrhunderts schrieb man statt Otzbach „Holzbach". Die kleine Ortschaft, die zur Pfarrei Bremen gehört, markiert etwa die halbe Strecke der Verbindung zwischen Geisa und Dermbach.
Von der Verbindungsstraße Geisa-Dermbach führt nur eine schmale Straße nach Otzbach; Autofahrer sollten die Hinweisschilder beachten.
In Otzbach hält man sich unmittelbar unterhalb der kleinen Kirche aus roten Ziegelsteinen scharf links, um dann kurz vor einer Gartenanlage nach rechts abzubiegen.

Schon bald kann man den Wagen abstellen und dem breiten, zunächst befestigten Fahrweg bis zum Waldrand des Arzberges folgen.

Die Erze, die dem Arzberg den Namen gaben, entstanden, als sogenannte metasomatische Erze in flüssiger Form in den mittleren Muschelkalk eindrangen und dafür sorgten, dass sich das Gestein mit einem Eisengehalt von 30 bis 40 Prozent anreichern konnte.

Im nördlichen Bereich sind noch immer Zeugen der bergbauerischen Tätigkeiten zu finden.

Noch ehe wir in den Wald eintreten, beobachten wir ein Zitronenfaltermännchen (Gonepteryx rhamni), das aufgeregt an dem verbuschten Waldsaum entlang patrouilliert. Wie eine hoffnungsfrohe Lichtflocke wirkt dieser Frühlingsbote, der nach langen Wintermonaten wie die Verkörperung einer verlorenen Sehnsucht nach Leben und Wachsen erscheint.

Man erkennt das Männchen an dem zitronenfarbigen Kleid, während das Weibchen von eher blasser Farbe ist. Die Weibchen erwachen im Allgemeinen später aus der Winterruhe als die Männchen.

Die Mehrzahl der einheimischen Tagfalter erreicht nur ein Alter von einigen Wochen. Die Ausnahme von dieser Regel bilden die wenigen überwinternden Arten.

Zu ihnen gehört neben dem Tagpfauenauge (Inachis io) und dem Kleinen Fuchs (Aglais urticae) vor allem der Zitronenfalter, der als Methusalem aller Tagfalter ein Alter von etwa elf Monaten erreicht und schon deswegen besondere Aufmerksamkeit verdient.

Man kann ihn sogar im Winter an Zwergsträuchern im inneren Waldessaum entdecken. Die Tiere überwintern im tiefgefrorenen Zustand.

Im März nutzen sie die warmen Sonnenstrahlen, um endlich zum Nahrungsflug zu starten, dem schon bald der Paarungsflug folgen wird.

Nach der Paarung heften die Weibchen je eines oder zwei der spindelförmigen, etwa einen Millimeter großen Eier an die Blattknospen eines Faulbaumes (Frangula alnus) oder eines Kreuzdornstrauches (Rhamnus carthartica).

Nach etwa zwei Wochen schlüpfen die winzigen Räupchen, die sofort damit beginnen, die frischen Blätter abzuweiden, bis die Haut zu eng wird und schließlich aufreißt.

Die Raupen häuten sich, fressen, häuten sich wieder und fressen, bis sie nach der vierten Häutung schließlich nervös umherwandern.

Sie suchen, bis sie einen geeigneten Platz gefunden haben, an dem sie sich mit einem seidenen Bauchgurt festspinnen können. Nach einigen Stunden beginnt eines der beeindruckendsten Schauspiele, das uns die Natur bieten kann: Die Schmetterlingsraupe verwandelt sich in eine unbewegliche Puppe. In der Puppe, dem Zeremonienhaus des Schmetterlings, lösen sich die Zellen der Raupe auf, um sich in etwa zwei bis drei Wochen völlig neu zu organisieren. Nach Abschluss dieser Umbauarbeiten schlüpft schließlich der Schmetterling.

Nur noch wenige Stunden ist er an die Erde gebunden. Wenn schließlich die Flügel aufgepumpt und ausgehärtet sind, startet er in sein Falterleben.

Schon bald nach dem Eintritt in den hochstämmigen Buchenwald entdecken wir – zunächst noch vereinzelt – die kleine blaue Blume.

Der Zweiblättrige Blaustern (Scilla bifolia) gehört zu den botanischen Kostbarkeiten der Rhön. Die Pflanze steht unter dem Schutz des Gesetzes und liebt den sickerfeuchten Boden, den vor allem die süd- und südöstliche Seite des Arzberges in idealer Weise bieten. Die sternförmigen Blüten werden von kleinen Fliegen bestäubt; den Transport der Samen übernehmen die Ameisen. Fliegen und Ameisen scheinen seit langer Zeit Hand in Hand zu arbeiten, denn besonders im Gipfelbereich überzieht ein tiefblauer Blausternteppich den humosen Waldboden.

Trotz der geringen Größe der Pflanze beträgt der Durchmesser der Zwiebel beachtliche 2 bis 3 cm. Immer aber entspringt einer Zwiebel nur ein einziger Stängel.

Es lohnt sich, die Pflanze aus der Nähe zu betrachten. Bei dieser Gelegenheit steigt der würzige Duft der Walderde in die Nase, so frisch und so lebendig, als würden wir ihrer Entstehung beiwohnen.

Ein überwintertes Zitronenfaltermännchen an Huflattich (Tussilago farfarar).

Ausschnitt aus dem Balzflug des Zitronenfalters.

Eiablage an Kreuzdorn (Rhamnus cathartica).

Drei spindelförmige etwa 3 mm hohen Eier des Zitronenfalters.

Die Raupe kurz vor der Verpuppung.

Aus der Puppe schlüpft nach etwa 10 Tagen ein neuer Zitronenfalter.

Überwinternder Zitronenfalter an einer Heidelbeerstaude

Auf dem Gipfel des kegeligen Basaltstockes wurde eine Sendeanlage installiert, die uns zwar bei der Anfahrt die Orientierung erleichtert, aber – endlich am Gipfel angelangt – die Idylle merklich stört.

Dennoch, das, was man schon während des Aufstieges und dann vor allem am Nordhang des Arzberges erleben kann, mildert nicht nur jeden Verdruss über die technische Einrichtung inmitten eines der sechs Totalreservate des Biosphärenreservates Rhön/Thüringen, sondern wird von jedem wirklichen Naturfreund als Geschenk betrachtet.

An der Nordseite des Bergstockes folgt nämlich eine weitere Überraschung: Lerchensporn, so weit das Auge reicht.
Im Vergleich zum Zweiblättrigen Blaustern ist der Hohle Lerchensporn *(Corydalis cava)* in der Rhön eine verbreitete Pflanze.
Dass allerdings eine Fläche von mehreren Hektar von dieser, zu interessanten Farbspielen neigenden Pflanze besetzt ist, muss für die Rhön als Seltenheit gewertet werden.

Der Zweiblättrige Blaustern (Scilla bifolia L.) gehört zu den botanischen Kostbarkeiten der Rhön.

Aus Gottfried Kellers (1819–1890) „Abendlied" stammt die Fassung jener Aufforderung, der es jetzt zu folgen gilt:

„Trinkt, o Augen, was die Wimper hält,
Von dem goldnen Überfluss der Welt."

Der Hohle Lerchensporn erhielt seinen Namen übrigens von dem Sporn an der Blüte, der an die Hinterzehe einer Lerche erinnert. Der Beiname „Hohl" kennzeichnet die im Gegensatz zu anderen Lerchenspornarten hohle Knolle.
Die Knolle des Hohlen Lerchenspornes wird medizinisch genutzt. Extrakte aus der Knolle finden sich in Medikamenten gegen Depressionen und Angstzustände, und in einigen Gegenden Russlands wird sie sogar als Nahrungsmittel genutzt.
Nur besonders langrüssligen Insekten gelingt es, in dem tiefen Sporn den Nektar zu erreichen und gleichzeitig die Blüte zu bestäuben.
Untersucht man einige Blüten, fällt auf, dass so mancher Sporn aufgebissen wurde.
Zu den Einbrechern gehört die Erdhummel, die in den Sporn ein unregelmäßiges ausgefranstes Loch beißt und den Nektar stiehlt, ohne die Blüte zu bestäuben.

Auf dem Rückweg stören wir den Zitronenfalter, der sich mitten auf dem Fußweg zu einem Sonnenbad niedergelassen hat. Er fliegt nur wenige Meter, um sich geschwind wieder so zu positionieren, dass die warmen Strahlen der Nachmittagssonne in einem Winkel von etwa 90° auf die stets zusammengeklappten Flügel treffen.
Während eines anschließenden Bummels durch Dermbach entdecken wir in einigen Gärten eine dem Zweiblättrigen Blaustern sehr ähnliche Pflanze.
Es handelt sich um den Sibirischen Blaustern *(Scilla siberica)*, dem aber die verborgene Schönheit des Zweiblättrigen Blausternes fehlt.
Die Heimat von Scilla siberica ist nicht etwa Sibirien, wie der Name fälschlicherweise vorgibt, sondern Mittelrussland bis zum Kaukasus und Vorderasien. Zudem sei angemerkt, dass der Sibirische Blaustern nur in die Gärten, nicht aber in die Rhön passt, selbst wenn Reiseschriftsteller seit Jahrzehnten versuchen, die Rhön zum Sibirien Deutschlands zu stilisieren.

Die Blaue Blume der Rhön.
In den letzten Märztagen lohnt sich eine Wanderung zum Arzberg in der thüringischen Rhön.

Der Hohle Lerchensporn (Corydalis cava) ist in der Rhön eine weit verbreitete Pflanze, doch geschlossene Bestände wie am Arzberg sind selten.

Milseburg: die Perle der Rhön

Kennen Sie eigentlich die „Erkunden-Verstecken-Theorie"? Nein? Vielleicht ist sie Ihnen unter dem Originaltitel „Prospect-Refuge-Theory" geläufiger, die der britische Geograph Jay Appleton schon vor über einem Vierteljahrhundert vorstellte, um darauf aufmerksam zu machen, dass Menschen in Landschaften gleichzeitig zwei Bedürfnisse zu befriedigen suchen: Sie wollen Ausblick haben und sich dabei geborgen fühlen.

Eine Landschaft gefällt uns nämlich immer dann ganz besonders gut, wenn wir einen großartigen Ausblick genießen können, ohne dabei von anderen beobachtet zu werden; wir wollen sehen, aber nicht gesehen werden.

Justus Schneider, der Begründer des Rhönklubs, dem am 15. Juli 1906 auf der Milseburg ein Denkmal gesetzt wurde, beschrieb diese archaische menschliche Veranlagung sehr treffend mit folgenden Worten: *„Das Entzücken und die Aussicht, welche man bei diesem Kreuze* (auf der Milseburg, Anm. d.V.) *genießt, beschreibt keine Feder."*

Vielleicht hängt das Entzücken auch mit einem Umstand zusammen, den der Dichter des Frankenliedes – der aus Karlsruhe stammende Journalist und Erfolgsdichter Josef Viktor von Scheffel (1826–1886) – in einem weniger bekannten Lied besang:

*„Ehre sei Gott in der Höhe
Er hat die Berge so hoch gestellt
und tat damit seine Weisheit kund
damit nicht jedem Lumpenhund
mit denen die Täler so reichlich gesegnet
der fröhliche Wanderer hier oben begegnet
Ehre sei Gott in der Höhe"*

Landschaften haben vielfältige Wirkungen auf uns. Sie beeinflussen, ja prägen uns, und noch ehe wir das Phänomen der Prägung intellektuell erfasst haben, ist es schon geschehen: die Landschaft und der Mensch – sie gehören zusammen.

Besonders Berge wie die Milseburg sind in der Lage, regionale Identität zu stiften, und gerade das scheint angesichts der Fluchttendenzen in den ländlichen Räumen überaus wichtig.

Natürlich wirkt eine Landschaft auf jeden Menschen anders und nicht jeder lässt sich von einem Berg prägen. Geschieht es aber trotzdem, ist das gewiss keine schlechte Mitgift für den weiteren Lebensweg. Ein markanter Berg wie die Milseburg kann nämlich durchaus zu einem wichtigen Bezugspunkt auf der ureigenen Landkarte werden.

Man ersteige die Milseburg von Kleinsassen aus oder von dem Großparkplatz nahe Danzwiesen am nördli-

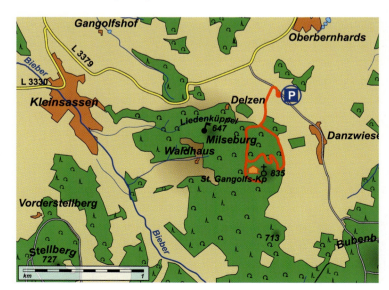

chen Fuß des Berges mit der Gewissheit, dass sowohl der Weg als auch der Gipfel das Ziel dieser Wanderung sind.

Um noch präziser zu sein: Das Ziel ist der mit lehrreichen Hinweisschildern versehene prähistorische Wanderpfad und schließlich die Aussicht – weniger das bauliche Ensemble, das den Wanderer auf dem Gipfel erwartet.

Eng gedrängt steht dort eine Kapelle neben dem Schutzhaus des Rhönklubs.

Eine barocke Kreuzigungsgruppe aus dem Jahre 1756, ein etwa ein Meter hoher Stein, dem eine Eisenplatte aufliegt, mit deren Hilfe man einst die Berge der näheren Umgebung orten konnte, ein Vermessungspunkt und ein Münzfernrohr vermögen es nicht, den Gipfel zu zieren. Auch und vor allem in der Natur gilt die alte Regel, wonach weniger oft mehr ist.

Die aus Bruchsteinen gefügte Kapelle ersetzte die im Jahre 1929 ausgebrannte Milseburgkapelle und wurde 1932 dem Heiligen Gangolf geweiht, der als Ritter am Hofe Pippins des Jüngeren von seiner heidnischen Frau schändlich betrogen und im Mittelalter in allen Streitfragen ehelicher Treue als zuverlässiger Fürsprecher galt.

Zum ersten Mal wurde die Milseburg als „Milsiburg" im Jahre 950 urkundlich erwähnt.

Kaiser Otto II. verlieh damals dem Kloster Fulda den Wildbann über den Bramforst. Der Bramforst – ein Waldgebiet zwischen der Fulda und der Nordgrenze des ehemaligen Regierungsbezirkes Hünfeld – umschloss auch den mythischsten aller Rhönberge, die Milseburg.

Sich mit dem Mythos Milseburg zu beschäftigen, ist jedem ernsthaften Rhönfreund ein Anliegen. Dabei gilt, dass weniger der Grad der Annäherung, sondern vielmehr die Art des Scheiterns der Dauerhaftigkeit der Beziehung förderlich ist.

Von den Einheimischen wird die Milseburg als „Perle der Rhön" bezeichnet, und das ist gar nicht so falsch, denn ein Aufenthalt in der Rhön, ohne die Milseburg besucht zu haben, ist wahrlich wie eine Kette ohne Perle.

Mit 835 Metern ist die Milseburg der zweithöchste Berg Hessens, der aber nur in der Rhönliteratur, nie von den Rhönern selbst, als Totenlade, Heufuder oder gar als „Sakramentshäuschen, in dem die Rhöner Seele wohnt", bezeichnet wird. Dennoch: Besonders letztere Bezeichnung trifft durchaus ins Schwarze.

Jeder konnte sich davon überzeugen, der den Proteststurm unter den Rhönfreunden erlebte, der im Spätsommer des Jahres 2000 dahin fegte wie ein durch wütende Herbststürme angefachter Brand über einem Stoppelfeld.

Was war geschehen?

Die Obere Naturschutzbehörde hatte angeordnet, ein Drahtseil auf dem Gipfel der Milseburg installieren zu lassen, mit dem sowohl seltene Moose und Flechten, aber auch die Besucher selbst gegen Fehltritte geschützt werden sollten.

„Gott schütze die Rhön vor den Naturschützern" wetterte der 1. Vorsitzende des Rhönklub-Zweigvereins Fulda, Jürgen Reinhard, in einem Leserbrief.

Die Naturschutzbehörde hielt dem Druck jedenfalls nicht lange stand. Schon nach kurzer Zeit wurde das Seil entfernt und die Rhöner Seele hatte wieder ihre Ruh. Diese Erfahrung wird bei den Verantwortlichen sicher lange nachklingen.

Die Milseburg besteht eben nicht umsonst aus Klingstein, den die Geologen auch Phonolith nennen. Hängt man eine dünne Phonolithplatte auf, ergibt sich beim Anschlagen ein heller tragender Ton. In Afrika und Amerika verwendete man solche Steine an Stelle einer Glocke.

Phonolithe sind vulkanische Gesteine, die zum großen Teil aus der Mineralgruppe der Kalifeldspate aufgebaut sind. Die Kalifeldspate sind als weißliche Mineralkörner in dem grauen Einerlei der Grundmasse zu erkennen. Der Phonolith an der Milseburg bildet vorzugsweise plattige Bruchstücke und oft große Scheiben, die auf dem Gipfel gut beobachtet werden können. Härtlingsbildner ist ein Nephelin-Nosean-Phonolith. Der Schlot hat einen Durchmesser von immerhin 500 Metern.

Trotz dieser Tatsachen ist die Milseburg für die Geologen nach wie vor ein Rätsel. Niemand vermag sicher zu sagen, ob die Milseburg ein im Hangenden steckengebliebener Kryptodom oder vielleicht doch eine oberirdische vulkanische Erscheinung ist.

Phonolithe und Trachyte sind auf Grund ihrer chemischen Zusammensetzung relativ dickflüssige Vulkanite, die zur Kuppenbildung neigen. Im Gegensatz dazu bilden dünnflüssige Vulkanite horizontale Decken und Lager, wie sie auf der Wasserkuppe und auf der Langen Rhön anzutreffen sind.

Die einzelnen Vulkanite der hessischen Kuppenrhön stehen so weit auseinander, dass sich zwischen ihnen keine morphologisch wirksame, zusammenhängende Basaltdecke bilden konnte, die vor späterer Abtragung hätte schützen können.

Da die tertiären Basalte viel verwitterungsbeständiger sind als die sie umgebenden Sand-, Silt- und Tonsteine des Buntsandsteines, wurden die Schlote im Laufe der Jahrmillionen von Wind, Wasser und Frost freigelegt. Die Vulkankegel der Kuppenrhön sind somit exhumierte Ruinen eines ehemaligen Vulkanfeldes.

Botanisch interessierte Wanderer werden vor allem die Vorkommen des Schnittlauchs *(Allium schoenoprasum)* beachten, der dem Schnittlauchfelsen seinen Namen gab; aber auch die grazile Pfingstnelke *(Dianthus gratianopolitanus)* ist eine schöne Seltenheit der Rhön. Allerdings ist zu befürchten, dass die Pfingstnelke nicht mehr länger zum Arteninventar der Milseburg gezählt werden kann. Jedenfalls leuchteten die rosa-hellpurpurnen Blüten der Nelke bei gezielten Suchaktionen in den Jahren 2002 und 2003 an keiner einzigen Stelle aus dem grauschwarzen Phonolithen der süd- bis südwestexponierten Felspartien.

Das Ausdauernde Knäuelkraut *(Scleranthus perennis)* darf dagegen noch immer zu den bemerkenswerteren Pflanzen der Milseburg gerechnet werden.

Auch der Kleine Wimperfarn *(Woodsia ilvensis)* soll auf der Milseburg einen Standort gefunden haben.

Berühmt ist der Berg vor allem für seinen Reichtum an Moosen und Flechten. In Flechten haben sich Pilz und Alge zu einer Lebensgemeinschaft verbunden. Zwischen beiden besteht eine faire Arbeitsteilung. Die Alge betreibt die Photosynthese und der Pilz sorgt für die Nährstoffe, die er aus Wasser und Erdreich erzeugt.

Von vorgeschichtlichem Interesse ist die Tatsache, dass die Milseburg die größte und auch bedeutendste Ringwallanlage der Rhön ist. Sie gilt wohl zu Recht als spätkeltisches Oppidum aus der Übergangszeit zwischen Kelten und Germanen. In der Sprache der Vorgeschichtler ist ein Oppidum eine befestigte keltische Siedlung des 2. und 1. vorchristlichen Jahrhunderts.

Oft wird darüber berichtet, dass die Milseburg über den Ortesweg mit der Steinsburg auf dem thüringischen Kleinen Gleichberg und mit der Glauburg in der Wetterau (Wedereiba) verbunden war.

Diese naheliegende Behauptung, die auch von dem verdienten Fuldaer Vor- und Frühgeschichtsforscher Dr. Joseph Vonderau (1863–1951) vertreten wurde, ist wahrscheinlich nicht haltbar.

Zum einen ist die Bezeichnung „Ortesweg", der in der Lebensbeschreibung des Fuldaer Mönches Sturmius in der „Vita Sturmii" noch Ortesvecia heißt, kein Eigenname für einen bestimmten Weg, sondern eher ein

Fliegenpilze (Amanita muscaria) am Wegesrand beim Aufstieg von Kleinsassen.

Weg-Gattungsname, zum anderen ist es eher unwahrscheinlich, dass der Kammweg, der die Wetterau mit dem heutigen Landkreis Rhön-Grabfeld (Graffeldgau) verband, ausgerechnet die Milseburg erklomm.

Der Grabfeldgau nahm zu dieser Zeit eine Sonderstellung ein. Die besondere Bedeutung des „Graffeldgaus" beruhte vermutlich auf einem Salzmonopol und zeigt sich unter anderem an dem großen Reichtum der Grabausstattungen der frühgermanischen Gräber bei Aubstadt in der Nähe von Bad Königshofen.

Aus den Erkenntnissen der Altstraßenforschung lässt sich jedenfalls ableiten, dass man den Begriff Ortesweg streng genommen nur im Zusammenhang mit der Gründungsgeschichte des Klosters Fulda und nur auf den Klosterbereich beschränkt verwenden darf (pers. Mitteilung, Jochen Heinke).

Es ist nicht auszuschließen, dass die bedeutenden Funde vom Glauberg in der Wetterau, auf dem man ein einmaliges Ensemble von Großgrabhügeln, Fürstengräbern, steinernen Großplastiken und einen „heiligen Bezirk" ausgegraben hat, auch ein neues Licht auf die Bedeutung der Milseburg in der Welt der Kelten werfen werden.

Die Funde von der Milseburg scheinen jedenfalls zu bestätigen, dass sie von der Späthallstadt-/Frühlatènezeit im 6./5. Jahrhundert v. Chr. bis in die Spätlatènezeit im 1. Jahrhundert v. Chr. besiedelt war.

Details zu der vorgeschichtlichen Besiedelung liefert der Prähistorische Lehrpfad, der auch über die Grenzziehung des keltischen Oppidums aufklärt.

Bei dem Bau der Eisenbahnlinie Fulda-Wüstensachsen wurden große Abschnitte des Ringwalles zu Schotter verarbeitet und zur Befestigung des Gleiskörpers verwendet.

Gewiss, ein ruhmloses Ende des vielleicht bedeutendsten vorgeschichtlichen Denkmals des inneren Rhöner Bereiches. Zur damaligen Zeit hielt man die Wälle aber lediglich für Ackergrenzen.

Andererseits ist es gerade dem Eisenbahnbau zu verdanken, dass ein Bauinspektor, der die Bedeutung des Walles erkannte, sich für seinen Schutz einsetzte und mit einer Veröffentlichung den Anstoß zur eingehenden Erforschung der vor- und frühgeschichtlichen Befestigungen im ganzen Fuldaer Raum gab.

Wer auf den Spuren des großen Dr. Justus Schneider, Gründer des Rhönklubs und unermüdlicher Sänger (1842–1904) der Rhön, wandern will, der sollte die Milseburg am Dreikönigstag besteigen. Schneider jedenfalls hat diese Tradition bis kurz vor seinem Tode im Jahre 1904 mit Begeisterung gepflegt.

Im Januar muss man zwar archäologische, naturkundliche oder gar kulturhistorische Interessen zurückstellen, kann aber sehen, ohne von allzu vielen gesehen zu werden.

Jedenfalls gibt es an klaren Januartagen in Hessen keinen besseren Aussichtspunkt als den Gipfel der Milseburg.

Kurz vor Sonnenuntergang wird es interessant, dann spannt sich – die Lange Rhön mit dem Fuldaer Becken verbindend – die Farbskala des Regenbogens über den wolkenlosen Himmel. Im Westen, trotz klirrender Kälte, warmes Orange und Rot, im Osten schließlich das kalte Ende der Farbskala subtil verlaufend von Pink über Lavendel nach Blau.

Jedoch, erst eine Viertelstunde nach Sonnenuntergang steigert sich der ganze Vorgang zu einem glühenden Finale. Nicht etwa der Moment des Sonnenunterganges ist das wirklich Beeindruckende, sondern vielmehr die kurze Zeitspanne danach, während der das Firmament im Westen zu glühen scheint.

An diesen Tagen verabschiedet sich die Sonne mit einem langen Nachklang, gerade so, wie das Wort eines geistreichen Menschen noch lange in uns nachklingt, obwohl er schon längst gegangen ist.

Erst wenn sich der bleiche Halbmond deutlich gegen den Osthimmel abzeichnet und der Frost die Beweglichkeit der Sprechmuskulatur soweit verringert hat, dass wir uns nur noch mit Zeichen verständigen können, verlassen wir den Gipfel der Milseburg. Wozu auch reden? Wer bis zu diesem Zeitpunkt ausgehalten hat, versteht sich auch ohne Worte.

Langsam kriechen blaue Schatten aus dem Tal die Bergflanke herauf und bald geht der Tag.
Wegen der klirrenden Kälte haben die meisten Besucher den Aussichtsplatz auf dem Milseburggipfel schon längst gegen einen bequemen Sitzplatz in der warmen Schutzhütte getauscht. Aushalten, warten und würdigen, das ist die dem Rhön- und Naturfreund gemäße Verabschiedung eines großartigen Winterwandertages.

Die kurze Zeitspanne vor dem Sonnenuntergang ist beeindruckend, aber etwa 15 Minuten später steigert sich die Szene zu einem dramatischen Finale.

Für den Rückweg vom Milseburggipfel zum Parkplatz wählen wir den in langgezogenen Serpentinen nach Osten führenden Pfad.
Wenn wir schließlich den Waldrand am Fuß der Milseburg erreichen, öffnet sich ein beeindruckendes Bühnenbild mit dem Wasserkuppenmassiv als Hauptdarsteller.

Das „bäuerliche Moment" verschwindet aus den ländlichen Bereichen der Rhön.
Man mag es bedauern, aber es ist eine der Konsequenzen unserer technikorientierten Zeit.
Anklänge an die bäuerliche Vergangenheit finden sich auch noch an der Milseburg und provozieren zu der Frage: Werden wir rechtzeitig einen gleichwertigen Ersatz für die verschwindende bäuerliche Kultur finden?

Die Milseburg trug nie eine Burg, dafür aber eine stadtähnliche, befestigte keltische Wohnsiedlung: ein Oppidum. Zur Keltenzeit war die Milseburg also ein wichtiges Zentrum. Heute trägt sie natürliche montane Wälder mit vielfältig gestufter Baumschicht und einer üppigen Krautvegetation und erträgt gerne den Ansturm von Wanderern, die nicht nur der Aussicht wegen kommen, sondern auch wegen der guten Bewirtung in der Milseburghütte des Rhönklubs. Sie gilt übrigens als eine der meistbesuchten Raststätten der Rhön.

Besonders von Südwesten betrachtet baut sich die Milseburg in einer Weise auf, die der Vorstellung vom Sarg des Riesen Mils immer wieder Nahrung gab.

Während des Aufstiegs zum Gipfel der Milseburg lohnt auch ein Blick zurück. Schloss Bieberstein erhebt sich auf einem Muschelkalkblock, der steil in das Biebertal abfällt. Die ehemalige Abschnittsburg der Fuldaer Fürstäbte beherbergt heute ein Internat.

Geologisch-botanische Wanderung zum Schafstein

Der Blick des Wanderers, der seinen Schritt von der Langen Rhön über Heidelstein oder Steinkopf in Richtung Wüstensachsen lenkt, wird schon bald gefesselt von einem grauen Basaltgesicht mit einer dichten Afrolook-Perücke. Ganz ähnlich ergeht es jenen, die vom Rhönhäuschen kommend, die steile Kniebreche herunterbremsen. Plötzlich öffnet sich der Blick auf das obere Ulstertal, und linker Hand erhebt sich der markante graue Basaltspiegel des Schafsteins.

Zum Ausgangspunkt der Wanderung gelangt man, indem man von der Bundesstraße B 284, die Wüstensachsen mit der Wasserkuppe verbindet, in Richtung Reulbach abzweigt. Nach etwa 300 Metern kann man das Fahrzeug an der rechten Straßenseite auf einem Holzlagerplatz abstellen.
Zunächst wandert man etwa 150 Meter auf der Straße zurück, bis rechter Hand eine geteerte Einfahrt auf den Wanderweg zum Schafstein und zur Wasserkuppe führt.

Nach einem leichten Anstieg durch einen schönen Buchenhochwald nähern wir uns schließlich dem Schafstein, wie wir uns einer verfallenen Festung nähern: voller Spannung, jeden Schritt genau abmessend über eine unregelmäßig gesetzte Treppe aus Holzbohlen und Basaltsteinen.

Die markante Erhebung im oberen Ulstertal bietet aber nicht etwa Einblick in die Geschichte der Besiedelung der Region – wie etwa die Milseburg oder der Gangolfsberg, die Reste keltischer Fliehburgen beherbergen –, sondern einen tiefen Blick in die Naturgeschichte der Rhön. Man wird an den Ausspruch von Bernhard von Clairvaux (1091–1153) erinnert, der bekannte:
„Glaube mir, ich habe es selbst erfahren: daß wir mehr in den Wäldern finden als in den Büchern; Bäume und Steine werden dich lehren, was kein Lehrmeister dir zu hören gibt."
Beides – Wald und Stein – ist ausreichend vorhanden auf dem Schafstein.

Die einzigartige Lage des Schafsteins mit guter Aussicht sowohl auf das obere Ulstertal und die Lange Rhön als auch auf die Abtsrodaer Kuppe, die Milseburg bis hinüber zum Hessischen Kegelspiel macht ihn zu einem ganz besonderen Wanderziel.

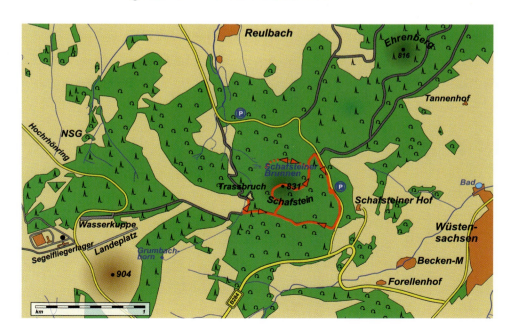

Auf dem Plateau des 832 Meter hohen Basaltstumpfes wächst ein Wald ganz für sich allein: unberührt, dunkel und schön und an seiner Südost- und Nordwestseite „fließen" die größten Basaltblockmeere der Rhön vom Plateau bis hinunter in den dichten Bergwald.

Urwaldstimmung umfängt den Wanderer. Kranke Bäume, Spechtbäume, zersplitterte Bäume, Baumstümpfe und Baumleichen, die von Schwämmen und Pilzen mit kilometerlangen Fäden *(Hyphen)* durchdrungen werden, begleiten den Wanderpfad.

Hyphen spalten mit Hilfe spezieller Enzyme die Zellulosemoleküle des Holzes und führen so die Biomasse des Baumes der Erde zu.

Auf diese Weise gibt jeder Baum – ganz im Gegensatz zum Menschen – der Erde mehr zurück als er je von ihr erhielt. Blühend von Jahr zu Jahr, wirft er Blatt und Blüte und schließlich sich selbst, um die in vielen Jahrzehnten gespeicherte Sonnenglut mit der Erde zu verweben. Kein Blatt, kein Ast, kein Stamm braucht einen grünen Punkt; nichts verkommt. Der Wald gleicht einem perfekt organisierten Recycling-Betrieb.

Betrachtet man den Wald aus diesem Blickwinkel, wird so recht klar, dass er keineswegs nur für sich allein, sondern für uns alle wächst.

Schattenblume (Maianthemum bifolium)

Einen Urwaldbestand, der jenem am Schafstein gleicht, findet man in der Rhön höchstens noch am Lösershag im Naturschutzgebiet Schwarze Berge. Der Berg-Buchenwald am Schafstein, dem stammweise der Bergahorn beigemischt ist, stellt das natürliche Endstadium der Vegetationsentwicklung dar.

Wählt man den Weg im Uhrzeigersinn um das Schafsteinplateau, fallen bald die Wald-Simse *(Luzula sylvatica)* sowie die Weißliche Hainsimse *(Luzula luzuloides)* auf.

Besonders erfreut ist der Wanderer im Juni über das zwar verbreitete, aber keineswegs häufige Schattenblümchen *(Maianthemum bifolium)*.

Der Blütenstand dieses kleinen Maiglöckchengewächses *(Convallariaceae)*, das in der Rhön meist in kleineren lockeren Beständen vorkommt, zeigt sich als endständige Ähre, in der 15 bis 25 Blüten beieinander stehen. Blühende Pflanzen schmücken sich in der Regel mit zwei Laubblättern, nicht blühende hingegen mit nur einem einzigen. Wer ein Exemplar mit drei anstelle von zwei Laubblättern entdeckt, darf sich genauso freuen, als hätte er ein vierblättriges Kleeblatt entdeckt. Auch der in den Bergschluchtwäldern der Rhön häufig anzutreffende Platanenblättrige Hahnenfuß *(Ranunculus platanifolius)* erhebt seine schneeweißen Blüten über die Quirlblättrige Weißwurz *(Polygonatum verticillatum)*.

Das Arteninventar des Schafsteines wird ergänzt durch Frauenfarn *(Athyrium filix-femina)*, Wald-Sauerklee *(Oxalis acetosella)*, Waldmeister *(Galium odoratum)*, Waldsegge *(Carex sylvatica)*, Bleiche Segge *(Carex pallescens)*, Ährige Teufelskralle *(Phyteuma spicatum)* und den Zwiebeltragenden Zahnwurz *(Dentaria bulbifera)*.

Schon im Februar/März überrascht uns zuweilen der giftige Seidelbast *(Daphne mezereum)*, der seine mit wohlriechenden rosa-fleischfarbenen Blüten besetzten Stängel aus der verkarsteten Schneedecke reckt. Die Blüten sitzen direkt am Stängel in den Achseln vorjähriger Blätter. Der gebräuchliche deutsche Name „Kellerhals" geht auf das würgende Gefühl im Hals zurück, das sich bei Vergiftungen einstellt.

Interessant ist die Pflanze aber auch, weil sie eine Verbindung zwischen der rauen Rhön und den Tropen herzustellen vermag.

Der Seidelbast ist der einzige heimische Vertreter der stängelblütigen und stängelfrüchtigen Pflanzen. Bei Tropenpflanzen wie Kaffee oder Kakao ist die Kauliflorie (Stängelblütigkeit) indessen weit verbreitet.

In den Blockmeeren finden Blütenpflanzen keine geeigneten Lebensbedingungen, dafür bilden Moose und Flechten auf den einzelnen Blöcken interessante Lebensgemeinschaften.

Die Blockmeere aus Alkaliolivinbasalt werden oft als das Ergebnis feuerspeiender Vulkane betrachtet, die in grauer Vorzeit glühende Lavabrocken in den Nachthimmel schleuderten. Nach Auffassung der Geologen könnte es sich hingegen etwa so abgespielt haben:
Im Jungtertiär, vor etwa 20 Millionen Jahren, wurde das glutflüssige Magma, von vulkanischer Kraft getrieben, durch die kristallinen Gesteine der Erdkruste, durch die darüber liegenden Salze, die das Zechsteinmeer abgelagert hatte, durch den Bundsandsteinsockel und die Muschelkalkschichten hindurchgepresst. Nahe der Erdoberfläche fehlte dem unterirdischen Dampfkessel der Druck und die Gesteinsschmelze verteilte sich in den jüngsten Sedimentschichten zu mächtigen horizontalen Basaltlagern. Im Laufe der Jahrmillionen wurden die oberflächlichen Lavafelder und die über den unterirdischen Basaltlagern liegenden Gesteinsschichten abgetragen. Während die Gesteine der Trias und die Tone und Kohlen des Tertiärs mit der Zeit Opfer der Erosion wurden, blieben die verwitterungsresistenteren Basalte erhalten. Sie zerbrachen zu scharfkantigen Bruchstücken, die in der Folge von Wasser, Wind und Eis gerundet wurden und die Blockströme bilden.

Die Nordwestflanke des Schafsteines wird von einem beeindruckenden Blockstrom aus Basaltblöcken bedeckt, der mit einer Breite von 70 bis 80 Metern in den knapp 300 Meter entfernten Wald „hineinströmt". Im unteren Bereich geht das offene schließlich in ein verdecktes Blockmeer über, setzt sich also im Unsichtbaren möglicherweise noch einige 100 Meter weit fort.
Die Blockmeere der heutigen Zeit sind nur eine Momentaufnahme im Zeitlauf der Erdgeschichte. Jeder Block dokumentiert auf seine Weise die Bedingungen, unter denen er gebildet wurde.

Angetrieben wurde der tertiäre Vulkanismus von der Hitze im Erdinneren. Im Erdkern, einer glühend heißen Metallkugel von doppelter Mondgröße, herrschen Temperaturen wie auf der Sonnenoberfläche. Darüber liegt ein etwa 2900 Kilometer mächtiger Erdmantel aus schwerem Basalt. Auf dem zähen Silikatbrei des Erdmantels schwimmen die 100 bis 200 Kilometer mächtigen Lithosphärenplatten wie die Haut auf zunächst aufgekochter und sich wieder abkühlender Milch. An Schwachstellen wird die Haut immer wieder aufgerissen, dafür an anderer Stelle zusammengeschoben. Wie ein Schweißbrenner, der eine Stahlplatte durchlöchert, „schweißte" sich das aufsteigende Magma durch die Erdkruste und bildete die Rhön-Basalte.

Die Forschungen über Art und Genese des Schafsteiner Blockmeeres sind aber keineswegs abgeschlossen. Im Jahre 2005 legte die Diplomgeografin Frauke Däuble ihre Diplomarbeit vor, die sie im Fachbereich Geografie an der Phillips-Universität Marburg gefertigt hatte. Sie kam zu dem interessanten Ergebnis, dass es sich am Schafstein um einen fossilen Blockgletscher handelt. Ein Blockgletscher besteht aus einer Akkumulation von Gesteinsblöcken, deren Zwischenräume mit Eis ausgefüllt sind. Bei einem aktiven, sich noch bewegenden Blockgletscher besteht etwa die Hälfte des Gesamtvolumens aus Eis. Bei einem fossilen Blockgletscher ist das Eis geschmolzen und kann höchstens noch in tieferen Schichten nachgewiesen werden.

Für diese Theorie und dafür, dass in tieferen Schichten sogar noch Eisreste vorhanden sind, scheinen jedenfalls die Messergebnisse zu sprechen. Auch an heißen Sommertagen konnte an einer Stelle in einer Luftausströmung eine Temperatur von 1,5°C gemessen werden.

Auch die Frage der Mächtigkeit des Blockgletschers konnte im Rahmen der Arbeit geklärt werden. Mittels refraktionsseismischer Messungen wies Frauke Däuble nach, dass sich erst in etwa 30 Metern Tiefe festes Gestein befindet.

Wer sich eine Vorstellung von dieser Mächtigkeit verschaffen will, der bedenke, dass die mächtigsten Buchen auf dem Plateau des Schafsteines eine Höhe von 25 Metern nicht übersteigen.

An der Südostseite des Gipfelplateaus öffnet sich der Wald und ermöglicht einen herrlichen Blick auf das obere Ulstertal mit Heidelstein, Steinkopf, Stirnberg und dem Luftkurort Wüstensachsen.

In Wüstensachsen war in den vergangenen Jahrhunderten der Hunger immer größer als die Kartoffeln, die man ernten konnte.

Im oberen Ulstertal, in der Kreuzbergrhön und im Dammersfeld herrschte eine als historisch zu bezeichnende Armut, die vor allem dem nordischen Klima und der Höhe geschuldet war. Die Armut war ein uraltes Erbstück, und der Hunger in jedem Frühjahr der treueste Begleiter, wenn die Vorräte wieder nur bis in den Februar und nicht bis zur nächsten Ernte ausreichten.

Namen wie Wüstensachsen, Sparbrod und Kaltennordheim sind „epigrammatische Geschichtsurkunden" aus grauer Vorzeit.

Etymologen des 18. Jahrhunderts leiteten Rhön auch folgerichtig von „rauh" ab.

Die Ausführungen zur Armut der Rhöner sind sinngemäß dem kleinen Werk „Vom Deutschen Land und Volk" des großen Wanderers, Volkskundlers und frühen Reiseschriftstellers Wilhelm Heinrich von Riehl (1823–1897) entnommen. Vielleicht kann nur ein Fremder, ein Unbefangener, die Verhältnisse so treffend wiedergeben.

Dennoch, es sei hier ausdrücklich darauf hingewiesen, dass der Pfarrkooperator Franz Anton Jäger (1765–1835), der in Simmershausen wirkte und als Pionier der Rhönliteratur gilt, in seinem Werk „Briefe über die Hohe Rhöne Frankens" aus dem Jahre 1803 kräftig irrte, wenn er in seinem IX. Brief behauptet, Wüstensachsen sei ein Dorf, das *„zwischen hohen Gipfeln tief gelegen, fast drei Teile des Jahres in Nebel gehüllt, nur zu oft dem Regen unterworfen, und kaum von der Sonne, noch weniger vom Monde beleuchtet"* würde.

Vielmehr liegt die Vermutung nahe, dass der gelehrte Wanderer und „der Weltweisheit Doktor und Gottesgelahrtheit Licenciaten" noch immer unter dem Eindruck einer schrecklichen Nacht in Gersfeld stand, während der ihm in einer viel zu kurzen Bettstatt die Mäuse über die Nase spazierten.

Richtig ist vielmehr, dass gerade das obere Ulstertal zu den nebelsichersten Regionen der Rhön gehört. Jedenfalls wird es der Wanderer oft erleben, dass das Naturschutzgebiet Lange Rhön, weite Teile Unterfrankens und das gesamte Fuldaer Land in eine dichte Nebeldecke eingehüllt sind, während sich die Bewohner in den Dörfern des oberen Ulstertales an den Strahlen der Herbstsonne wärmen dürfen.

Eine Besonderheit von Wüstensachsen sind die Einzelhöfe der Gemeinde, die vom Schafstein zum größten Teil ausgemacht werden können. Wie Trittsteine umrahmen die Höfe noch heute den Talort.

Sie entstanden lange nach dem Dreißigjährigen Krieg, vielleicht um wüstgefallene Flächen schnell wieder nutzen zu können oder um nicht erbberechtigten Nachkommen eine wirtschaftliche Alternative zur Auswanderung zu bieten.

Auf der Ostseite des Ulstertales bewirtschafteten die Weiher- und Ritterhöfer die Flächen unterhalb von Steinkopf und Heidelstein. An der Südseite des Ulstertales teilen sich der Heufelderhof, der Salzrinnerhof, der Guckhof und der Heckenhof die landwirtschaftlich nutzbaren Flächen.

Die Beckenmühle – unterhalb des Schafsteinerhofes gelegen – hat sich im Laufe der Jahrhunderte sogar zu einem kleinen Weiler entwickelt. Auf der Westseite des Ulstertales, und am weitesten nach Norden vorgeschoben, liegt der jüngste und ertragreichste Hof der Gemarkung, der Tannenhof.

„Die Höfer honn aebbes ze bestaelle" sagen die Dorfbewohner und wollen damit auf Eigenarten im Verhalten der Hofbewohner hinweisen, die sich durch die Abgeschiedenheit und die harte Arbeit im Laufe der Zeit entwickelten.

In den Jahren 1945 bis 1947 brachten es die Tannenhöfer zu trauriger Berühmtheit. Sie terrorisierten die

Gegend rund um die Wasserkuppe und schreckten weder vor Brand, Raub noch Mord zurück.

Obwohl die Höfe und Dörfer des oberen Ulstertales zur Großgemeinde Ehrenberg vereinigt und politisch zu Hessen zählen und sich die Bewohner eher nach Fulda und Frankfurt und weniger nach Bad Neustadt, Würzburg oder Nürnberg orientieren, wandern wir auf alter fränkischer Erde.

Diese Tatsache wird auch am Dorfwappen der zentralen Gemeinde des oberen Ulstertales deutlich. Der „Fränkische Rechen" schmückt noch immer das Ehrenberger Wappen.

Balthasar Spiess beschreibt Wüstensachsen, seine politische Zugehörigkeit und eigene Wetterbeobachtungen im Jahre 1865 in seinem „Wegweiser durch die Rhön" auf folgende Weise: *„Königl. Bayr. Marktflecken im tiefen Grunde zu beiden Seiten der Ulster … Trotzdem das Dorf fast das ganze Jahr hindurch von feuchten, kalten Nebeln eingehüllt ist … so gedeihen hier doch die Kirschen welche berühmt sind, sehr gut."*

Wir verlassen das Gipfelplateau des Schafsteines und steigen über den „Saupfad" in vielen Serpentinen nach Norden ab.

Wer sich in den unteren Bereich des nach Westen abfallenden Blockmeeres wagt, kann einige weitere interessante Pflanzen entdecken.

Da wäre zunächst der Tannenbärlapp *(Huperzia selago)* zu nennen, der sich zwischen den Basaltblöcken wohl fühlt, und auch der Europäische Siebenstern *(Trientalis europaea)* sowie relativ große Bestände des Sprossenden Bärlapps *(Lycopodium annotinum)* werden der Aufmerksamkeit des Naturfreundes nicht entgehen. Moos- und Flechtenliebhabern wird die genaue Untersuchung einzelner Basaltblöcke empfohlen. Jeder für sich stellt nämlich eine kleine botanische Attraktion dar.

Im Spätsommer gefallen aber vor allem die Farne, die am Nachmittag im scharfen Gegenlicht ihre filigrane Architektur gegen das drohende Dunkel des Basaltblockmeeres stellen.

Wären in einem Naturschutzgebiet nicht Wegegebote zu beachten, könnte der geologisch interessierte Wanderer noch etwa 300 Meter nach Nordwesten vordringen und stünde am Rand eines interessanten Trassbruches, der bis in die 50er Jahre hinein betrieben wurde. Viel sicherer und ohne mit dem Gesetz in Konflikt zu geraten, erreicht man den Bruch, indem man auf dem gleichen Weg bis zum Südabfall des Schafsteines zurückwandert.

Auf der Südseite hält man sich zunächst in Richtung Wasserkuppe, bis eine Wegkreuzung erreicht ist. Dort wählt man den geschotterten Weg nach Norden und kann schon nach wenigen Metern in die längst aufgelassene Trassgrube absteigen.

Der Trass diente in gemahlener Form als Bindemittel für Beton und Mörtel. Wegen zu geringer Bindefähigkeit des Materials wurde der Abbau aber schon bald eingestellt.

Gelegentlich wird der Schafsteiner Trass auch als Trachyttuff oder Phonolithtuff bezeichnet, in dem man noch heute größere Kristallsplitter und vulkanische Auswürflinge finden kann. Der Trass vom Schafstein ist ein charakteristischer tuffartiger Ignimbrit. Er entstand, als die ausgeschleuderten vulkanischen Partikel in einer Glutwolke zu einem kompakten Gestein verschmolzen. Das Ergebnis dieses Prozesses ist für den Laien kaum von einer Lava zu unterscheiden. Für die Fachleute war der Ignimbrit aber schon immer ein sicherer Beleg dafür, dass die frühere Annahme falsch sein muss, derzufolge die Vulkanite der Rhön niemals an die Erdoberfläche gedrungen seien.

Der kleine Abstecher zu dem Trassbruch wird also belohnt mit einer durchaus bedeutenden geologischen Erkenntnis.

Zufrieden und nachdenklich machen wir uns auf den Rückweg. Wir wählen zunächst den mit großen Basaltblöcken übersäten Wanderweg Richtung Wüstensachsen. Er mündet nach einigen hundert Metern in die Straße, der wir bis zum Ausgangspunkt dieser vielfältigen geologisch-botanischen Rhönwanderung folgen.

Urwaldstimmung am Schafstein. Kranke Bäume, Spechtbäume, zersplitterte Bäume, Baumstümpfe und Baumleichen, die von Schwämmen und Pilzen durchdrungen werden, begleiten den Wanderpfad. Hyphen spalten mithilfe spezieller Enzyme die Zellulosemoleküle des Holzes und führen auf diese Weise die Biomasse des Baumes der Erde zu.
Kein Blatt, kein Ast, kein Stamm braucht einen grünen Punkt; nichts verkommt. Der Wald gleicht einem perfekt organisierten Recycling-Betrieb.

Das Basaltblockmeer am Schafstein bei Wüstensachsen gilt als das größte des gesamten Biosphärenreservates.

Der Schafstein gehört zu den ältesten Naturschutzgebieten Deutschlands und ist für eine einsame Kurzwanderung sehr zu empfehlen.
Dem botanisch und geologisch interessierten Wanderfreund wird diese Tour reichlich Beobachtungsmöglichkeiten bieten.

Herbstnachmittage am Schafstein sind von besonderem Reiz. Wer erkundet hat, wann die Sonne wo steht, wird unvergessliche Eindrücke mit nach Hause nehmen können.

Die Abendseite der Rhön: Wasserkuppe und Pferdskopf

Es gibt Wanderungen, die man so beglückt beendet, dass man am liebsten die ganze Welt daran teilhaben lassen möchte. Und es gibt andere, mit denen man lieber für sich bliebe. Vielleicht, weil man den unverständigen Fragen und misstrauischen Blicken aus dem Weg gehen will.
Die Wasserkuppen-Wanderung wäre ein sicherer Kandidat für die zweite Gattung. Natürlich kann sie nicht geheim gehalten werden, weil sie längst zu dem klassischen Rhön-Repertoire gezählt wird. Immerhin ist die Wasserkuppe mit 950 Metern der höchste Berg der Rhön und gleichzeitig der höchste Berg des Bundeslandes Hessen.
Vielgerühmt als Aussichtsberg und als Berg der Flieger verdient die Wasserkuppe ohnehin einen festen Platz in den Tourenplanungen jedes Rhönfreundes.

Landschaften haben ihre eigenen Regeln, wer sie sucht und sie erkennt, der wird belohnt.
So, wie die Lange Rhön als Morgenseite bezeichnet werden kann, darf man die Wasserkuppe als Abendseite der Rhön betrachten. Und auch die Abendseite der Rhön fasziniert durch Weite, die aber noch lange nicht jeder sehen kann, denn:

> *„Unser Wesen steckt*
> *voll innerer Fernen,*
> *Man muss viel Ferne*
> *getrunken haben,*
> *um den Zauber*
> *des Nächsten zu fassen."*

Martin Kessel (1901–1990), Dichter und Georg-Büchner-Preisträger des Jahres 1954, verfasste diese Zeilen, die wie eine Gebrauchsanweisung für die Rhön gelesen werden können.

Wer „viel Ferne getrunken hat" und miterlebt, wie sich bei schneidend kaltem Ostwind über dem Fliegerdenkmal Ränge kupferfarbener Wolkenbänder aufbauen, die im nächsten Moment in basaltgraue Schleier zerfasern, der hat keine Chance, er wird diesem Berg verfallen, trotz Andenkenläden, Flugbetrieb und Sommerrodelbahn.

Zurückgekehrt von einer ausgedehnten Spätsommerwanderung an der Wasserkuppe, frage ich mich aber, ob es eine naturhistorische Beschreibung überhaupt vermag, das atmosphärische Kolorit dieser Tour wiederzugeben, oder ob es nicht besser wäre, den Versuch auf der Stelle abzubrechen und dem Rhöndichter Georg Trost (1906–1968) beizupflichten, der behauptet, dass man in diese Landschaft hineingeboren sein muss, um sie zu verstehen.

Dennoch, einen Versuch ist es vielleicht doch wert.
All jenen, die die Wasserkuppe noch nie besucht haben, werden die folgenden Hinweise als Vorbereitung eigener Wandererlebnisse nutzen können; die anderen, die den Berg der Flieger schon längst erobert haben oder von ihm erobert wurden, können die eigenen Wandererfahrungen mit dieser Beschreibung verweben und zu neuen Unternehmungen angeregt werden.

Die Wasserkuppe ist vielfältig, schön, ja vielleicht sogar heroisch. Indessen, friedlich ist sie nicht. Als Berg der Flieger zu gelten, hat eben seinen Preis.

Den Frieden des Wanderers stört nämlich nicht nur die Motorwinde, die in nicht endender Reihung die schlanken weißen Segelflieger in den blauen Spätsommerhimmel schleppt, bis sich schließlich das Seil ausklinkt und mit einem wütenden Sausen auf die verbrannte Startbahn peitscht, sondern auch die Drachen-, Gleitschirm- und Modellflieger sorgen für eine rege Betriebsamkeit.

Wir starten unsere zunächst schattige, später aber sehr aussichtsreiche Tour am Wanderparkplatz Abtsroda, der unmittelbar unterhalb der Einmündung der Straße Sieblos-Abtsroda in die Verbindungsstraße Dietges-Wasserkuppe liegt. Der Wanderparkplatz war früher Ausgangspunkt einer geologischen Erlebnisreise.

Bis vor wenigen Jahren konnte der interessierte Wanderer einem geologischen Lehrpfad folgen, lehrreiche Tafeln studieren und schon bald erkennen, dass es vor allem die Kenntnisse erdgeschichtlicher Vorgänge sind, die ein tieferes Verständnis der Landschaft ermöglichen. Schließlich verdankt die Rhön ihre topologische Hochlage und den ganz speziellen Landschaftscharakter dem tertiären Vulkanismus.

Insgesamt informierten 48 Tafeln unter anderem über den Ablauf der Erdgeschichte in der Rhön, über die Gesteinsbildung in der Triaszeit, die Bodenarten, die Entstehung der Braunkohle und über Blockströme und Wanderschuttdecken. Offensichtlich bedurften die Ausführungen auf den Tafeln mit Blick auf die vulkanische Abfolge einiger Ergänzungen und Verbesserungen. Es ist jedenfalls sehr zu hoffen, dass der geologische Wanderpfad an der Wasserkuppe bald wieder eingerichtet wird. Der aktuelle Lehrpfad, der vor allem die Höhenlage abdeckt, kann die Lücke jedenfalls nicht schließen.

In jedem Fall ist es aber sinnvoll, vor dem Start das sehr informative Bändchen „Der geologische Wanderpfad an der Wasserkuppe" und die „Vulkanologische Karte der Wasserkuppenrhön 1:15000 mit Erläuterungen" (siehe Literaturverzeichnis) zur Hand zu nehmen, um sich einen Überblick über die vulkanologischen Verhältnisse zu verschaffen.

Botanisch und entomologisch interessierte Wanderer finden unterwegs neben späten Zeugnissen der Rhöner Leinenproduktion das gesamte Pflanzeninventar der Wasserkuppenrhön.

Zu den etwas interessanteren Arten dürfen Türkenbund *(Lilium martagon)*, Schwarze Königskerze *(Verbascum*

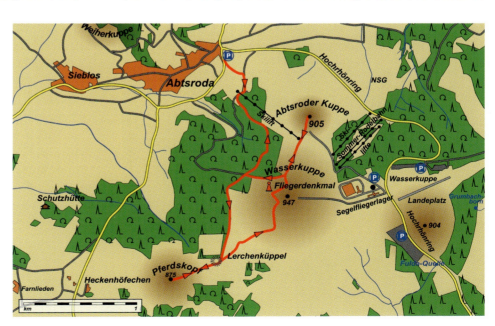

nigrum), Teufelsabbiss *(Succisa pratensis)* und die Silberdistel *(Carlina acaulis)* gezählt werden. Die Silberdistel oder Eberwurz ist eine uralte Zauberpflanze.
Der Kuh, mit der es nicht „richtig" stand, wurde unter Anrufung der drei höchsten Namen mit einer Silberdistel über den Rücken gestrichen. „Richtig" stand es mit dem Vieh immer dann nicht, wenn der Bauer eine Fressunlust bemerkte oder wenn eine Seuche im Bestand ausgebrochen war.
Der Gattungsname der Silberdistel „Carlina" geht auf Kaiser Karl den Großen zurück, in dessen Heer die Silberdistel als Mittel gegen die Pest eingesetzt wurde.
Besondere Beachtung verdient auch der Fransen-Enzian *(Gentianella ciliata)*, den man zwar regelmäßig auf den kurzrasigen Halbtrockenrasen der Fränkischen Alb antrifft, aber in der Rhön aufgrund seiner Vorliebe für kalkhaltige Böden als Seltenheit betrachten muss.
Der seltene Saat-Lein *(Linum usitatissimum)*, der links des Weges einen eindrucksvollen Bestand bildet, gilt uns als hellblaue Erinnerung an die Zeit, als die Rhön noch mit Recht als das „Land der armen Leute" galt.
Und wieder ist Leopold Höhl (1844–1896) zu zitieren, der in seltener Genauigkeit in seinem „Rhönspiegel" über den Flachsbau und die Leinenindustrie berichtet. Das wird verständlich, wenn man bedenkt, dass Franz Anton Jäger (1765–1835) noch im Jahre 1803 in seinen „Briefen über die Hohe Rhöne Frankens" schrieb *„Der Flachs ist das einträglichste Produkt dieser Gegend."* Leopold Höhl erklärt die einzelnen Arbeitsschritte von der Aussaat bis zur Ernte, vom Raffen und Rösten, vom Bleichen und Dörren, Bläuen und Brechen über das Schwingen und Hecheln bis hin zum Spinnen der Leinfäden.
Die Zusammenstellung der einzelnen Arbeitsschritte macht uns deutlich, wie mühsam der Weg von der Aussaat bis zu dem linnenen Bettzeug war, das noch in den 30er Jahren des 20. Jahrhunderts aus der Aussteuer einer heiratsfähigen jungen Frau nicht wegzudenken war. Jedenfalls fehlten Spinnrad oder Spindel noch vor 100 Jahren in keinem bürgerlichen Haus, und sie galten allgemein als Symbol bürgerlichen Gewerbefleißes und emsiger Frauenarbeit.

Auch Tagfaltern begegnet man auf den blütenreichen Rhönmatten.
Kurz oberhalb des Startpunktes, auf der Kalkschotterflur, kann man mit viel Glück die sehr seltene Berghexe *(Chazara briseis)* entdecken. Diese durchaus bemerkenswerte Beobachtung gelang zum ersten Mal am 13. August 2003.
Das Schachbrett *(Melanargia galathea)* ist häufig und regelmäßig anzutreffen, ebenso wie der Schornsteinfeger *(Aphantopus hyperantus)* und das Kleine Wiesenvögelchen *(Coenonympha pamphilus)*.
Dagegen ist der Mauerfuchs *(Lasiommata megera)* nicht so zuverlässig zu entdecken, weil er sich gut tarnt und auch zu den eher selteneren Arten der Rhön gerechnet werden muss.
Den Ampferfeuerfalter *(Lycaena phlaeas)* wird man ab Ende Mai bis in den späten Juni hinein ebenso sicher entdecken wie Tagpfauenauge *(Inachis io)*, Kleinen Fuchs *(Aglais urticae)*, Admiral *(Vanessa atalanta)*, Distelfalter *(Vanessa cardui)* und Kaisermantel *(Argynis paphia)*.
Auf unserer Spätsommerwanderung, die am Westhang der Wasserkuppe in südlicher Richtung entlangführt, öffnet sich immer wieder der Blick nach Westen. Am Horizont erkennt man die geschäftige Bischofsstadt Fulda. Vor allem der Anblick der Fuldaer Trabanten-

Berg-Flockenblume (Centaurea montana)

Glockenblume im Borstgrasrasen

stadt am Aschenberg – naturvergessen wie alle Trabantenstädte – zieht uns unvermittelt in den Alltag zurück, dem man doch für ein paar Stunden „davonlaufen" wollte.

Doch die spätsommerliche Wasserkuppen-Landschaft bietet Alternativen zum Aschenberg-Blick, die man freudig annimmt.

Wendet man den Blick nur um ein paar Grad nach Norden, entdeckt man in den Hügeln der Kuppenrhön überall Impressionen von Gleichmaß und Harmonie.

Der hessische Teil der Rhön ist gewiss keine ungebändigte Urlandschaft, aber auch gebändigt immer noch Landschaft, die zwar wirtschaftlich stark genutzt wird, der aber die Geländedynamik und vor allem Milseburg, Maulkuppe und Stellberg ihren Stempel aufdrücken.

Schließlich erreichen wir den Pferdskopf, der vielleicht die interessanteste geologische Erscheinung der Rhön ist; die vielfältigste ist er ganz unbestritten.

Der Pferdskopfgipfel ist das Relikt eines einstigen phonolithischen Lagers. Die plattige Schichtung des anstehenden phonolithoiden Trachyts ist ein eindeutiges Indiz für diesen Befund. Die eng benachbarte Vielfalt vulkanischer Erscheinungen zeichnet die Rhön und insbesondere den Pferdskopf aus.

Am Westhang entdeckt man einen im Durchmesser etwa 100 Meter messenden mächtigen Vulkanschlot.

Der Blick in den Guckai-Talkessel veranlasste den Rhönwanderer Franz Anton Jäger zu Beginn des 19. Jahrhunderts noch dazu, einen nach Westen geöffneten Vulkankrater zu erkennen.

Neuere Forschungen kamen hingegen zu einer wesentlich weniger dramatischen Entstehungsgeschichte. Heute ist man sicher, dass es sich bei dem Guckai-Talkessel um eine Erosionsform handelt, also um einen Kessel, der im Laufe der Jahrmillionen durch die Kraft des Wassers ausgeräumt wurde.

Um den Gipfel des Pferdskopfes jagen die Mehl-Schwalben und spielen mit dem Wind. Ihr Spiel wirkt wie eine letzte übermütige Partie, die mehr dem Abschiednehmen als der Nahrungsaufnahme dient.

Die Zeit der Abreise ist gekommen und die Schwermut des scheidenden Sommers liegt in dieser Szene.

Am 8. September, so weiß der Volksmund „... *zu Mariageburt, da ziehen die Schwalben furt."*

Ganz im Gegensatz zu den Mehlschwalben müssen sich die beiden Schwalbenschwänze *(Papilio machaon)* des Windes erwehren. Kaum fliegen sie auf, werden sie von dem böigen Wind gepackt und meterweit verfrachtet. Erst in windstillen Phasen erreichen sie wieder das weitgehend vegetationsfreie Gipfelplateau des Pferdskopfes. Der flugstarke Schwalbenschwanz, dessen Raupe wir gelegentlich auch an Gartendill oder an der Gartenmöhre entdecken können, gehört zu jenen Arten, die zur Brautschau höhergelegene, meist kahle Hügelkuppen aufsuchen, um dort zu sehen und gesehen zu werden.

In der entomologischen Literatur wird der schnelle Paradeflug des Männchenfalters als Gipfelbalz oder Hilltopping bezeichnet. Man fühlt sich an die Birkhahnbalz im Naturschutzgebiet Lange Rhön erinnert. Dort suchen die Hähne in den frühesten Morgenstunden ihre Balzplätze auf, und versuchen durch gewaltige Sprünge aus dem Stand bei gleichzeitigem Kollern den Rivalen einzuschüchtern und den Weibchen zu imponieren. Hier wie dort halten die Weibchen gebührenden Abstand und beobachten das Spiel mit nüchternem Interesse.

Der Lerchenküppel ist ebenfalls eine interessante vulkanische Erscheinung. Der basanitische Basalt der Schlotfüllung durchschlug fast die gesamte vulkanische Abfolge.

Der Höhepunkt der vulkanischen Fördertätigkeit in der Rhön lag wahrscheinlich im Untermiozän und endete nach radiometrischen Datierungen vor etwa 14 bis 18 Millionen Jahren.

Mit einem Alter von etwa 14 Millionen Jahren gilt der ovale Schlot des Lerchenküppel nach dem Rockenstein bei Oberweißenbrunn (11 Millionen Jahre) als jüngstes vulkanisches Förderzentrum der Rhön.

Wir können den Lerchenküppel, eine markante Erhebung auf der südöstlichen Verebnung des Pferdskopfes,

Zwischen Pferdskopf und Abtsrodaer Kuppe erhebt sich auf einem kleinen Plateau vor dem Panorama der Kuppenrhön und dem Fuldaer Becken das Fliegerdenkmal.

kaum übersehen, wenn wir den schmalen Pfad vom Pferdskopf in Richtung Wasserkuppe herunterwandern.

Die Ebereschen *(Sorbus aucuparia)* schmücken sich schon mit roten Beeren und die Berg-Flockenblume *(Centaurea montana)*, die bereits im Mai ihre rotvioletten Blütenkörbchen präsentierte, blüht zum zweiten Mal. Wir lassen diese farbigen Spätsommerbilder hinter uns und wandern dem Fliegerdenkmal entgegen.

Es gibt viele Denkmale in der Rhön, aber keines, das an so ausgezeichneter Stelle steht, und keines, das bei dem Wanderer einen so starken Eindruck hinterlässt wie das Fliegerdenkmal.
Zur Einweihung des Ehrenmales im Jahr 1923 kamen 50.000 Menschen. Die Segelflieger waren damals sehr populär und der Bruder des Kaisers Prinz Heinrich hielt eine leidenschaftliche Rede an seine Flieger, die mit ihren motorlosen Seglern das Flugverbot des Versailler Vertrages „unterflogen" hatten.
„Frei sein", so hieß die Losung der fliegerischen Jugendbewegung, die nach dem Ersten Weltkrieg Phantasten, Wissenschaftler, ehemalige Kampfflieger und Studenten erfasste.
Sie fanden einen Weg in die „Freiheit", indem sie sich auf die Gleitflugpioniere Otto Lilienthal und die Brüder Wright besannen, die bereits um die Jahrhundertwende mit dem Gleitflug experimentiert hatten.
So entwickelte sich *„Aus deutscher Not – der deutsche Segelflug"*, wie es sehr treffend der Fliegerschriftsteller Peter Supf formulierte.
Die Geschichte des Segelfluges begann am 24. März 1920, als in einer von Oskar Ursinus herausgegebenen Zeitschrift ein Aufruf erschien, der zum Startsignal einer beispiellosen Bewegung wurde.
„Gleitflugwettbewerb auf der Hohen Rhön" war in der Zeitschrift „Flugsport" zu lesen. Und sie kamen mit halbfertigen Fluggeräten, die mit Ochsen- und Pferdewagen auf die Wasserkuppe gezogen wurden und den Beginn einer fliegerisch neuen Epoche markierten.
Auch wenn man heute zum Segelfliegen längst nicht mehr auf die Wasserkuppe angewiesen ist, lockt der Berg noch immer Flieger aus aller Welt, denn sie ist umnebelt von jenem sagenhaften „Rhöngeist", den man heutzutage sogar schon aus der Flasche trinken kann.

Das Fliegerdenkmal wurde im Jahre 1923 von dem Bildhauer Gaul und dem Architekten Moßner auf einem Vulkanschlot aus grobsäuligen Basaniten errichtet. Auf den Schlussstein positionierte man einen Bronzeadler über einer Bronzetafel, die mit vaterländischem Pathos die Botschaft verkündet:

*Wir toten Flieger / blieben Sieger /
durch uns allein / Volk flieg du wieder /
und du wirst Sieger / durch dich allein*

Der Adler als „König der Vögel" ist bekannt als Symbol von himmelstürmender Macht und Wehrhaftigkeit und aus diesem Grund auch auf vielen Wappen und Staatsemblemen zu finden. In der christlichen Heraldik galt der Adler auch als Symbol des Hochmutes.

Vor einigen Jahren ritzte eine unbekannte Hand den Merksatz *„Hochmut kommt vor dem Fall"* in eine Basaltsäule, und weil diese ewige Wahrheit nicht in Bronze gegossen ist, hat sie der Regen längst weggewaschen.

Vom Fliegerdenkmal zur nördlich vorgelagerten Abtsrodaer Kuppe – einer feinen Kostbarkeit der Wasserkuppenrhön – sind nur ein paar hundert Meter zurückzulegen. Nirgends kann man in der Rhön die schalige Absonderung des Phonoliths besser studieren als hier. Wie bei einer Zwiebel Schale über Schale liegt, so überdeckt beinahe modellhaft eine Phonilithschicht die andere.

Es ist schon spät, über Sieblos und Abtsroda, über Wickers und Brand steigen Rauchfahnen aus den Schornsteinen kerzengerade in den Himmel.
Es wird nicht mehr lange dauern, bis sich über das Fuldaer Land der Abend senkt.

Noch ist aber die Landschaft Bühne, die Berge der Kuppenrhön Kulisse und die Abtsrodaer Kuppe mein Logenplatz.

Der Blick zur Milseburg, zum Stellberg, zur Maulkuppe und hinüber nach Osten zum Battenstein gehört jedenfalls zum Beeindruckendsten, was die Wasserkuppe zu bieten hat.

Ich werde bleiben. Ich werde sitzen und warten, bis die Sonne hinter dem Horizont verschwunden ist, und beobachten, wie in den Dörfern der Abend beginnt. Schon bald werden die ersten Lichter in den Häusern eingeschaltet, dann flammt die Straßenbeleuchtung auf und markiert den Verlauf der Dorfstraßen; schließlich wird es Nacht.

Aber frühestens dann, wenn am leicht verschleierten Westhimmel die längst untergegangene Sonne für wenige Minuten nachglüht, werde ich meinen Aussichtsbalkon räumen und zum Ausgangspunkt meiner Wanderung zurückkehren.

Noch ist aber jede einzelne Minute kostbar, denn hier und jetzt kann man sie vertiefen oder wiederbeleben, diese altmodische Liebe zu einer Landschaft.

Was haben kluge und wandererfahrene Männer und Frauen nicht alles über das Wandern gesagt und geschrieben?

Was es wirklich ist, erlebt man vor allem in solchen Augenblicken, die alle eines gemeinsam haben: Sie sind ihrem Wesen nach unbeschreiblich.

Als „Lausbub der Rhön" bezeichnet man den Wachtküppel (705 m) bei Poppenhausen. Der Basaltschlot-Härtling trägt diesen Namen ganz zu Recht. Aufgrund seiner exponierten Lage findet sich auf der Abendseite der Rhön kaum eine Stelle, von der aus die schroffe Basaltkuppe nicht zu entdecken wäre.

Es ist möglicherweise kein Zufall, dass sich die Silberdistel in der Rhön so selbstverständlich als Wappenpflanze etablieren konnte, entspricht sie doch in gewisser Weise den Rhönern selbst.
Es bedarf durchaus einigen Geschicks, sich beiden zu nähern, ohne kleinere „Verletzungen" davonzutragen.

Schwalbenschwanz (Papilio machaon) und Kleiner Fuchs (Aglais urticae) verstehen es hingegen vorzüglich, sich den Nektar der Silberdistel einzuverleiben. Mit ihren dünnen Saugrüsseln „heben" sie den süßen Schatz dieses Korbblütlers, der zuweilen auch als Große Eberwurz bezeichnet wird.

Man kann den Gedankengängen des frühen Rhönwanderers Franz Anton Jäger durchaus folgen, wenn er im Gukai-Talkessel einen nach Westen geöffneten Vulkankrater zu erkennen glaubte.

Der Nebel kommt schnell. Innerhalb weniger Minuten ertrinkt die kleine Rhöngemeinde Rodholz ebenso im dichten Nebel wie schon lange vorher Fulda und Poppenhausen.
Nur die Gemeinden des oberen Ulstertales bleiben bei diesen Wetterlagen von Nebel verschont.

Maulkuppe, Stellberg, Milseburg und Wasserkuppe ragen heraus aus dem Nebel, der Abtsroda, Poppenhausen und das ganze Fuldaer Land unter eine dicke Wolkendecke legt.

*Die Rhön kann als Sakrallandschaft bezeichnet werden.
Die Zahl der Bildstöcke und Denkmäler ist kaum zu zählen.
Doch eines „überragt" sie alle: das Fliegerdenkmal auf der
Wasserkuppe.*

Die Abtsrodaer Kuppe im Abendlicht.
Septembernebel sammelt sich im Brand- und Ulstertal.

Die Abtsrodaer Kuppe ist dem Wasserkuppenmassiv in nordwestlicher Richtung vorgelagert. An keiner anderen Stelle in der Rhön kann man die schalige Struktur des Basaltes in vergleichbar modellhafter Ausprägung bewundern.

Die Ostseite der Wasserkuppe wird zu Unrecht nur selten als Ausgangspunkt für Wanderungen genutzt.

Kreuz, Krug, Kilian und Apollo – der Kreuzberg

... er fühlte sich von dem schönen Aussehen und der edlen Art der Franken angezogen, zudem erbarmte ihn deren unerlöstes Heidentum.

So berichten die historischen Quellen über die Motive Kilians, eines in der Grafschaft Carvan, dem heutigen Ulster, geborenen Pilgermönchs und frankophilen Vaganten Gottes.
Anfangs war Kilian nur ein Lokalmärtyrer, ehe er schließlich zum „Heilsbringer des fränkischen Reichsvolkes" wurde.
Heute darf man ihn getrost den Vater der fränkisch-christlichen Kultur nennen, wenn man unter Kultur all das versteht, was der Mensch an inneren und äußeren, an geistigen und materiellen Gütern pflegt (Klaus Wittstadt).
Auf dem Aschberg – dem heutigen Kreuzberg – soll Kilian im Jahre 686 den Altar der germanischen Göttin Holla umgestürzt und das erste Kreuz errichtet haben. Damit hatte der charismatische Mönch einen keltisch-germanischen Göttersitz durch christliche Wortgewalt und mutige Tat entmachtet.
Historisch belegbar ist dieser Auftritt zwar nicht, aber wer misst schon Eruptionen der Geschichte mit dem Zentimetermaß, vor allem dann, wenn sie Geschichte und Kultur geschaffen und Jahrhunderte überlebt haben?

Die Kilian-Geschichte wirft jedenfalls auf die fränkischen Rhöner und auf Franken ein besonderes Licht.

Die Rhöner Bevölkerung, die nie mit dem römischen Luxus obergermanischer Städte in Berührung kommen konnte, war aufgrund bitterster Not sehr empfänglich für den Trost des Evangeliums. Zudem gilt als sicher, dass die Rhöner schon immer sehr glaubensstarke Menschen waren.
Schon W. H. Riehl rühmte, dass die „armen Leute" in der Rhön mit einer christlichen Ergebenheit ihr Kreuz trügen, wie es sonst nur von den Armen des Mittelalters berichtet wird.

Erst tausend Jahre nachdem Kilian am Aschberg (noch früher Asenberg) aufgetreten war, gelangte 1654 ein Kreuzpartikel in das Kloster auf dem Aschberg und erst jetzt wurde aus dem Aschberg der Kreuzberg.
Schon bald wurde der Kreuzberg zum Wallfahrtsziel, avancierte gar nach Ansicht des Dichters, Historikers, Märchen- und Sagensammlers Ludwig Bechstein (1801–1860) zum „*Ursitz des Lichtes der Christus-Lehre, dessen Strahlen von ihm aus über das alte Frankonien sich verbreiten*", und bis zum heutigen Tag öffnet das Kloster Kreuzberg gerne all jenen seine Pforten, die fernab der lauten Welt sich ihres geistigen Fundamentes besinnen wollen. Bedingung ist allerdings, dass man vor 20 Uhr an die Pforte klopft, denn später ist Feierabend in der Klosterküche, die mit Käsebrot, Sauerkraut und Würstchen eine schnelle und in der Regel gut schmeckende Mahlzeit bereithält.
Der Kilianshof am Fuße des Kreuzbergs gilt übrigens als die Stätte, die dem Heiligen einst ein schirmendes Obdach bot, und an den Mitstreiter Kilians, Totnan, erinnert in den Schwarzen Bergen noch immer der Totnansberg.
Die Geschichte von Kilian, dem Priester Kolonat, dem Diakon Totnan, Gozbert und seiner Gemahlin Gailana wurde von dem Nürnberger Bildhauer Veit Stoß im Jahre 1504 in beeindruckenden Bildern im nahen Münnerstadt in der katholischen Pfarrkirche Maria Magdalena dargestellt.

Obwohl Bischofsheim, anders als die heute hessischen Gemeinden des oberen Ulstertales, immer zu Franken zählte, dürfen die Rhöner Franken früherer Zeiten nicht mit jenen aus Bad Neustadt oder gar dem Schweinfurter oder Mainfränkischen Gau verwechselt werden.

„Wir dürfen", schreibt Leopold Höhl (1844–1896) in seinem „Rhönspiegel" aus dem Jahre 1892, *„da nicht an den behäbigen Bauern unserer Frankengaue denken, der an den Schrannentagen zur Stadt fährt und mit einer gefüllten Geldkatze heimkehrt."*

Leopold Höhl – sein „Rhönspiegel" ist ein überaus wertvolles Zeitdokument – kannte die Verhältnisse in der Rhön

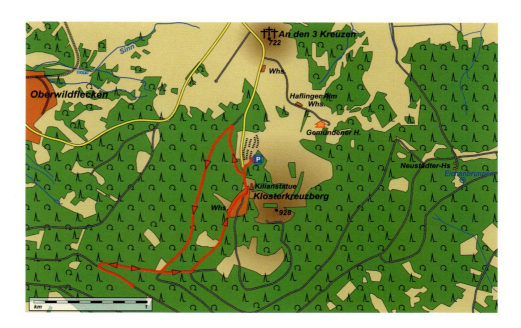

sehr genau. Als Kaplan lebte er viele Jahre in Seiferts, ehe er nach Würzburg und dann schließlich nach Ebern versetzt wurde.

In seiner Rhöner Zeit erwanderte er sich seine neue Heimat und wurde zu einem ihrer größten Sänger. Der Rhönklub-Zweigverein Würzburg stiftete zu seinen Ehren bereits im Jahre 1898 eine Gedenktafel auf dem Kreuzberg, die heute eine niedrige Basaltsteinmauer am Nordeingang zum inneren Klosterbereich ziert.

Auch wenn die sprachgeschichtliche Herkunft des Begriffes „Rhön" noch immer im Dunkeln liegt – er gilt den Wissenschaftlern als vordeutsch –, wurde er angeblich zum ersten Mal in Verbindung mit Bischofsheim genannt. Im 14. Jh., genauer im Jahre 1331, ist von „Byschoffsheim an der Röen" die Rede.

Bischofsheim gehört zur Hohen Rhön, und die Witterung zwischen Kreuzberg und der Langen Rhön forderte den Menschen schon immer viel ab.

Sebastian Stumpf charakterisierte in seiner „Topografie des fürstlich-würzburgischen Amtes Bischofsheim" aus dem Jahre 1796 die Rhöner auf folgende Weise: *„.... ihre Lebensart ist ganz einfach, mit schlechter Leinwand oder wollenem Zeuge bekleidet, von Frost und Hitze abgehärtet".* Aber er kennt auch die guten Seiten. Er bemerkte, dass die Menschen, besonders im Amte Bischofsheim, ziemlich gutartige Geschöpfe sind, wer nämlich *„mit Brode, Branntwein und gutem Willen vorlieb nimmt, ist ihnen in ihren Hütten willkommener Gast".*

Jenny Gräfin von Pappenheim berichtete noch im Jahre 1830 in einem Brief an den Geheimrat Goethe darüber, dass sie auf ihrer Reise vom Kreuzberg nach Kissingen beobachtet hatte, dass Frauen aus Mangel an Zugtieren vor Pflug und Wagen gespannt wurden. *„Ich finde, so etwas dürfte schon von Staats wegen nicht geduldet werden",* soll sich Goethe entrüstet geäußert haben. Schon damals rief man also bei Missständen nach dem Staat.

Anders als andere sind die Rhöner auch heute noch, denn Landschaft und die Menschen, die in ihr leben, bedingen sich gegenseitig. Die wechselseitige Einflussnahme führt zu landsmannschaftlichen Besonderheiten, die immer wieder zu Charakterisierungsversuchen reizen.

Gerade am Kreuzberg wird man nicht nur Franken, son-

dern neben vielen Touristen auch den Rhönern aus dem Hessischen und Thüringischen begegnen.
Obwohl durch die Färbung ihrer Sprache unzweifelhaft gesondert, ist ihnen doch eine Eigenart gemeinsam, die oft als Verschlossenheit, ja Sturheit beschrieben wurde.

Lassen wir noch einmal den in diesen Fragen sehr zuverlässigen Leopold Höhl zu Worte kommen, der in seinen kulturgeschichtlichen Bildern aus der Rhön beschreibt, wie man das Herz der Rhöner gewinnen kann: *„… durch einen persönlichen Verkehr nämlich, der gleich weit entfernt sein muss von unnahbarer Würde wie von entwürdigender Vertrautheit."*
Die Halbdistanz also ist dem Rhöner der angemessene Abstand zwischen dem Ich und dem Du. Wer dieses Rezept akzeptiert, der wird nicht nur in der Rhön schnell Freunde gewinnen.

Von Bischofsheim aus führt eine gut beschilderte, kurvenreiche Straße vorbei an Haselbach, vorbei auch an der Ruine der Osterburg hinauf zum Kreuzberg. Die Osterburg wurde 1271 zerstört und vergessen, ehe sie im Juni des Jahres 1897 im Zuge des Forstwegebaues wiederentdeckt wurde.
Ob sich der Name Osterburg von Ostara, der heidnischen Frühlingsgöttin, herleitet oder einfach nur die östliche Burg des damaligen Frankenreiches war, bleibt wohl immer im geschichtlichen Dunkel. Dass allerdings der Bischofsheimer Zehntturm und Abschnitte der Stadtmauer aus Teilen der Osterburg gebaut wurden, ist belegbar.
Jedenfalls lag die große Zeit der Osterburg schon 400 Jahre zurück, ehe Fürstbischof Phillip von Dermbach das Kloster Kreuzberg erbauen ließ.

Ohne das Kloster wäre der Kreuzberg vermutlich niemals zum heiligen Berg der Unterfranken geworden.
Ihn als heiligen Berg der Franken zu bezeichnen, ist faktisch und auch historisch ungenau, denn weder auf die Mittel- noch auf die Oberfranken übt der Kreuzberg eine besondere Anziehungskraft aus, und es bedarf oft längerer Erklärungen, um den Franken aus Nürnberg oder Bayreuth die Lage ihres vermeintlich heiligen Berges zu erläutern.
Vielmehr gilt der Hesselberg vielen Mittelfranken auch heute noch als „Frankens heiliger Berg". Vor allem älteren Menschen ist er noch immer als Ort des jährlich am Sonntag nach der Sonnenwende stattfindenden Frankentages in Erinnerung.
Die Nazis bemächtigten sich nämlich dieses Berges, und es war der Wille des Führers und seines fränkischen Gauleiters Julius Streicher, *„…. daß diese Stätte auch uns so geheiligt sei, wie sie es unseren Vorfahren war… ."*
Durchaus konsequent gedacht, denn „Religionen" brauchen nun einmal auch Identifikationspunkte, wenn sie sich auf Dauer im Gemüt der zu Bekehrenden einsenken sollen.

Die Klostergeschichte des heiligen Berges der Unterfranken ist indessen weniger bewegt als erwartet, vielmehr sorgten die Franziskaner über die Jahrhunderte hinweg mit Geschick, Disziplin und Gottesfurcht für stabile Verhältnisse.
Auf dem Kreuzberg ist der Orden der Franziskaner-Observanten ansässig. Als Gründerin gilt die Straßburger Observantenprovinz der Franziskaner.

Bereits im 15. Jahrhundert drängten Reformimpulse aus Italien und Frankreich nach Deutschland. Mit Unterstützung der geistlichen und weltlichen Obrigkeit konnten sich schließlich reformerische Kräfte – die sogenannte Observantenbewegung – durchsetzen. Dieser „Sieg" führte schließlich zur Spaltung des Ordens (Franziskaner und Franziskaner-Konventualen), die im Jahre 1517 durch Papst Leo X. offiziell vollzogen wurde.

Der Zusatz Observanten leitet sich von dem lateinischen „observare" ab, das mit „beobachten" oder „hochhalten" übersetzt werden kann. Die Franziskaner des Kreuzberges trachten danach, die Regeln des Hl. Franziskus besonders wortgenau zu befolgen. Darunter fällt unter anderem auch der Eigentumsverzicht der Gemeinschaft.

Heute zählt der Orden weltweit etwa 18.000 Mitglieder und ist nach den Jesuiten die größte Kongregation. Allerdings teilt er mit allen anderen Orden der katholischen Kirche das Geschick des zahlenmäßigen Rückgangs und des Verlustes prestigeträchtiger Funktionen. In Deutschland sind die Franziskaner mit ca. 550 Mitgliedern nach den Benediktinern der zweitgrößte Orden.

Der Ausgangspunkt für die Kreuzbergwanderung ist der Großparkplatz unterhalb des Klosters. Dort sollte man sein Fahrzeug abstellen.

Entscheidet man sich für das Kreuz, den Krug oder für Kilian, führt der Fußweg parallel zur geteerten Fahrstraße zunächst zum Kiliansdenkmal, dann entweder geradeaus weiter zum Kloster und zur Bierschenke oder über 283 Stufen hinauf zur Kreuzigungsgruppe, die seit dem Jahre 1710 Ziel vieler Wanderer und Wallfahrer war und noch immer ist.

Wir entschließen uns aber für eine andere Reihenfolge und machen zuerst dem Apollo, dann dem Krug, dem Kreuz und schließlich Kilian unsere Aufwartung.

Nun ist nicht etwa von einem Denkmal des griechischen Gottes Apollo die Rede, der im Altertum für die prophetischen Weissagungen, die Künste und die Musik zuständig war, sondern lediglich von einer außergewöhnlichen entomologischen Besonderheit des Kreuzberges.

Machen wir uns auf den Weg.

Wir queren die Straße auf der Höhe des Kassenhäuschens und wandern etwa 500 Meter bergab in den Buchenhochwald hinein, bis der Wanderweg mit der Markierung Nr. 2 in spitzem Winkel nach Süden abbiegt; wir folgen ihm.

Bei der Wanderung durch den schönen Zwiebelzahnwurz-Buchenwald könnte man die Zeit vergessen und sich selbst, wenn sich nicht bald schon erste Zweifel regten, ob man nicht vielleicht schon zu spät oder doch zu früh unterwegs ist?

Wie war eigentlich der Frühling? War er wärmer als in „normalen" Jahren, und wie lange lag der Schnee in diesem Jahr auf etwa 700 Meter üNN?

Denn nur in dieser Region – zwischen 700 und 900 Metern üNN – ist das Objekt der Begierde zu finden.

Die Antwort lässt nicht lange auf sich warten.

Dort, wo der Wanderweg Nr. 2 an einer Wegkreuzung nach links Richtung Kreuzberg abbiegt, wandern wir einige hundert Meter talwärts und stehen bereits mitten im Apollo-Fluggebiet.

Es war offenbar ein ganz normales Jahr. Der Schwarze Apollo ist längst geschlüpft und bereits am Vormittag auf Nektar- und Partnersuche.

Der Schwarze Apollo, den die Entomologen Parnassius mnemosyne nennen, ist ein sehr seltener, relativ großer und schwerfällig fliegender Falter, der im Juni auf Lichtungen und an krautigen Waldwegen angetroffen werden kann.

In Jahren, in denen der Frühling von längeren Kälteperioden verschont blieb, fliegen die ersten Tiere schon in der zweiten Maihälfte.

Die Entwicklungsgeschichte der Art reicht möglicherweise bis in das Miozän (10 bis 25 Millionen Jahre) zurück. Jedenfalls ist die Ähnlichkeit dieser Parnassius-Art mit dem fossilen Dortides bosniaki, der am Monte Cabbro in der Toskana gefunden wurde, so verblüffend, dass die Vermutung zulässig ist, dass die Art möglicherweise schon vor der Eiszeit existiert haben könnte. Ohnehin zählen die Apollofalter zu den ältesten noch lebenden Artengruppen.

Die wichtigste Raupenfutterpflanze des Schwarzen Apollo in der Rhön: der Hohle Lerchensporn Corydalis cava.

Mnemosyne war in der griechischen Mythologie die Mutter der Musen, während der Gattungsname Parnassius auf den doppelgipfligen, teilweise bewaldeten Kalkgebirgsstock (2457 m) zurückgeht, der ca. 20 Kilometer nördlich des Golfes von Korinth aufsteigt.

Der Schwarze Apollo darf als Ureinwohner der Rhön bezeichnet werden. Allerdings macht ihm die Geschwindigkeit der Landschaftsveränderung in unserer Zeit schwer zu schaffen. Die Kultivierung der Rhön drängte den Falter in wenige Restbiotope zurück.
Noch beherbergt der Kreuzberg eines der besten mitteleuropäischen Vorkommen dieses seltenen Schmetterlings. An keiner anderen Stelle gibt es innerhalb Deutschlands eine derart stabile Megapopulation.
Die Räupchen der Art leben übrigens recht verborgen nur am Lerchensporn *(Corydalis cava, Corydalis intermedia* und evtl. auch an *Corydalis solida)*. Die Verbindung zwischen dem Schmetterling und seiner Futterpflanze ist auf geheimnisvolle Weise genauso unsichtbar wie unlösbar.
Die wichtigste Raupenfutterpflanze des Schwarzen Apollo in der Rhön ist der Hohle Lerchensporn *(Corydalis cava)*.

Die interessanten Beobachtungen der Flugspiele des Apollo erhalten zuweilen durch aromatische Duftwolken des Bärlauchs *(Allium ursinum)*, die der laue Wind aus dem Wald herausträgt, eine besondere olfaktorische Note.
Noch viele Jahre nach der ersten Begegnung mit dem Apollo war mir jedenfalls gleichzeitig mit der Erinnerung an den Schmetterling jenes Duftempfinden gegenwärtig.

Wir verlassen den Apollo-Lebensraum und kehren dorthin zurück, wo wir von dem Wanderweg mit der Nummer 2 nach rechts abgebogen sind, und folgen dem gut markierten Weg.
Der Weg führt uns, zunächst mäßig steil ansteigend, zurück zum Kloster.
Der Klosterbereich begrüßt den Wanderer mit dem kleinen, aber stimmungsvollen Friedhof, auf dem einige Kreuzberg-Franziskaner ihre letzte Ruhe gefunden haben. Namen und Hinweise auf die Tätigkeit während ihres Erdenlebens sind in einheitlich schlichte, aber geschmackvolle Holzkreuze geschnitten.
Die einzelnen Gräber sind bedeckt von dem Kleinen Immergrün *(Vinca minor)*, dem in früheren Zeiten wegen des immergrünen Habitus' symbolische Kräfte zugeschrieben wurden. Es stand für Beständigkeit, Treue und für das ewige Leben. Allerdings wurden die grünen Blätter auch immer wieder als Abwehrmittel gegen Hexen und Zauberer eingesetzt.

Wir passieren die Andenkenläden, ohne die eine Prozession auf den Kreuzberg heute wie früher nur eine halbe Sache wäre und die noch immer – obwohl sich das Sortiment natürlich geändert hat – den gleichen

Eindruck vermitteln wie vor 50 Jahren, und machen der Klosterkirche unsere Aufwartung.

Rechts vom Eingang zur Klosterkirche wurde im Jahre 2002 eine stimmungsvolle Kapelle in den Berg eingefügt und mit grauen Basaltsteinen ausgemauert. In der Kapelle erzeugen hunderte brennende Kerzen eine besondere Atmosphäre; jede Kerze – eine brennende Sorge.

Die Klosterkirche, die eine Wallfahrtskapelle aus dem Jahre 1598 ersetzte, wird von Kunsthistorikern wegen der guten Raumwirkung gewürdigt, die vor allem durch die einheitliche Ausstattung des Innenraumes erzeugt wird.

Die Kirche „Kreuzerhebung" sowie das Kloster wurden in den Jahren 1681 bis 1692 erbaut.

Das Klostergebäude ist zwar nur ein einfacher, aus grauschwarzen Basaltblöcken gefügter Bau, aber das Treppenhaus des sogenannten Fürstenbaues soll der große Balthasar Neumann entworfen haben.

Nach ein paar besinnlichen Minuten in der Klosterkirche genehmigen wir uns einen Krug des süffigen Klosterbieres und vielleicht sogar eine Kleinigkeit aus der Klosterküche, ehe wir – frisch gestärkt – den Aufstieg zur Kreuzigungsgruppe angehen. Ob diese Übung mehr oder weniger Mühe bereitet, hängt nicht nur von dem Zustand der Kniegelenke und der allgemeinen körperlichen Verfassung ab, sondern eben auch von dem Konsum an Kreuzbergbier.

So oder so, die Mühe des Aufstiegs wird belohnt mit einem prächtigen Blick auf die Dammersfeld- und die Lange Rhön.

Aber auch Zeugen unserer Zeit haben sich auf dem heiligen Berg der Unterfranken etabliert: 208 Meter ragt der Fernsehturm neben der Kreuzigungsgruppe in den Rhönhimmel und verkündet eine nicht immer frohe Botschaft.

Wie auf dem Heidelstein und auf der Wasserkuppe ist auch auf dem Kreuzberg das informationstechnische Dekor nicht zu übersehen.

Dass es uns schon nicht mehr stört, weil wir längst daran gewöhnt sind, ist übrigens kein gutes Zeichen. Aber: Jede Epoche hat bekanntlich ihre Alpträume und die unseren sind technischer Natur.

Im Sinne einer echten Rhönwacht sollten wir aber alle mithelfen, den jetzigen Zustand auf keinen Fall zu verschlimmern.

Nicht nur des Apollos wegen muss der Naturfreund den Kreuzberg lieben, auch wenn man ihn – bei einiger Ehrlichkeit – nicht mehr ohne Einschränkungen als den heiligen Berg der Unterfranken verehren kann, denn längst hat er viel von der Unschuld vergangener Jahrhunderte eingebüßt.

Dennoch, im Vergleich mit anderen Kulminationspunkten des öffentlichen Interesses, kann ein Besuch des Kreuzberges an Wochentagen durchaus ein Erlebnis sein, das in die Tiefe trifft. Trotz Bierausschank und Andenkenläden ist er immer noch ein Stück des anderen, des etwas stilleren Deutschlands.

Am 27. Dezember 1989 traf ich z.B. ein Ehepaar aus der thüringischen Rhön, das die erste Reisemöglichkeit nutzte, um voller Dankbarkeit jenen Platz aufzusuchen, von dem über Jahrzehnte hinweg die Hoffnung auf ein besseres, ein freieres Leben in ihre Wohnungen strahlte.

Selten zuvor hat der Stahlrohrmast bewegtere Besucher gesehen als an jenem sonnigen Dezembertag.

Das Hörfunkzeitalter im fränkisch-thüringischen Raum begann übrigens bereits im Jahre 1951 mit der Ausstrahlung des 2. Programmes, das heute den Namen Bayern2Radio trägt.

Natürlich wird nicht jede Wanderung in der Rhön von einem einmaligen Naturerlebnis oder einer unvergesslichen Begegnung geprägt. Wer die Rhön bereist oder erwandert, muss viel Zeit mitbringen, denn nichts drängt sich nach vorne, alles will entdeckt, will erst gefunden und gewürdigt werden.

Der Schwarze Apollo (Parnassius mnemosyne) gehört zu den Ureinwohnern der Hohen Rhön.
Im letzten Jahrzehnt ist der Schmetterling wahrscheinlich an mindestens zwei Rhöner Habitaten (Schornhecke am Heidelstein und am Lettengraben bei Wüstensachsen) ausgestorben.

Doch trotz aller Einschränkungen ist der Kreuzberg der interessanteste Berg der Rhön. Diese Bewertung hat er nicht nur dem Kloster oder den weiten einsamen Wäldern der Waldgebirgigen Rhön, die sich im Südwesten anschließt, zu verdanken, sondern vor allem der Aussicht auf Dammersfeld, Himmeldunkberg und Heidelsteinrhön.

Als säße man in einem Theater, in dem ständig neue Kulissen mit unterschiedlichen Landschaftsbildern heruntergelassen werden, so wirkt es auf den Wanderer vor allem im Frühling, im Frühsommer und im Herbst. Der Blick nach Norden, vorbei an dem Arnsberg und hinweg über das Tal der Brend, fällt auf die jüngste vulkanische Bildung der Rhön, auf den Rockenstein, des-

Als Saugpflanze bevorzugen die Falter vor allem den Waldstorchschnabel (Geranium sylvaticum).

sen mit Tuffiten verfüllter Schlot ebenso gut zu erkennen ist wie die uralten Wetterbuchen auf dem ansonsten wald- und baumfreien Himmeldunkberg.

Von den Wetterbuchen aus wäre nur noch eine kurze Strecke nach Süden zur Würzburger Bergbund-Hütte der DAV-Sektion Bergbund Würzburg zurückzulegen, in der sich der durstige Wanderer an den Wochenenden in angemessener Atmosphäre und großer Ruhe erfrischen kann. Auch an Tagen, an denen die Hütte verwaist ist, erfrischt das Wasser aus dem Brunnen oberhalb der Hütte, den der Rhönklub Nürnberg bereits im Jahre 1927 fassen ließ.

Dreht man die Bühne um etwa 90 Winkelgrad nach Wes-

ten, rückt die Dammersfeldrhön in den Blick, begeistert und belastet gleichermaßen mit historischer Bürde. Seit dem 8. Februar 1938 hat sich nämlich vieles verändert. An diesem Tag wurde das Gebiet um Eierhauck, Dammersfelder Kuppe und um die beiden Auersberge zum Truppenübungsplatz erklärt.
Nicht nur, dass seit dieser Zeit dem Wanderer der freie Zugang zu einem der aufregendsten Gebiete der Rhön versperrt wurde, ist zu beklagen, sondern auch die Tatsache, dass dort über 2500 Menschen ihre Heimat verloren.

Vielleicht war es sogar günstiger, zu jenen Bewohnern aus Reußendorf, Alt- und Neuglashütten, Dörrenberg, Kippelbach, Rothenrain und Wernbach zu gehören, die ihre zweite Heimat in Würzburg, Frankfurt, Schweinfurt oder Offenbach fanden, und nicht gerade am Trätzhof bei Fulda angesiedelt zu werden, wo bei klarem Wetter die alte Heimat zum Greifen nah scheint, aber doch unerreichbar fern bleiben muss.

Wenn in Wildflecken die Glocken des Kirchenzentrums zum Kirchgang rufen, dann stimmt jedenfalls noch heute die kleinere Glocke aus der Reußendorfer Kirche als Erinnerung für alle Wissenden in den feierlichen Dreiklang ein.
Wem die Heimat auf diese Weise abhanden gekommen ist, verdient jedenfalls unser Mitgefühl.

Wildflecken wurde in der Folge zum Verwaltungssitz des Truppenübungsplatzes erklärt und eroberte durch diese politisch motivierte Entscheidung die Vormachtstellung westlich des Kreuzbergmassivs.
Die Gemeinde wurde in dieser Funktion Nachfolgerin von Oberbach, das über viele Jahrhunderte hinweg das kirchliche, kulturelle und wirtschaftliche Zentrum des Oberen Sinntales war.
Durch die Nähe zum Naturschutzgebiet Schwarze Berge und das gleichnamige Informationszentrum konnten die negativen Folgen dieses Bedeutungsverlustes zum Teil kompensiert werden.
Nicht nur durch den Einzug des Militärs hat sich in der Südrhön vieles verändert. Wie in anderen Teilen der Rhön gleichen die Dörfer des Sinntales eher städtischen Siedlungen und verloren damit weitestgehend ihre Unverwechselbarkeit und Identität.
Das Naturschutzgebiet Schwarze Berge findet in diesem Rhön-Wanderbuch keine angemessene Würdigung. Das Gebiet stellt einen eigenen Wanderkosmos dar, der mit einer einzigen Wanderbeschreibung nicht hinreichend zu würdigen wäre.
Dem Wanderer sei an dieser Stelle aber empfohlen, sich von den Orten Oberbach, Ober-Riedenberg, Geroda oder Platz die Region zu erwandern.

Zurück zum Kreuzberg.
Auf dem Weg zum Ausgangspunkt der Wanderung passieren wir eine steinerne Kiliansstatue, die seit dem Kiliansjahr 1989 jeden Kreuzbergbesucher begrüßt.
Der Bildhauer Lothar Bühner hat die beeindruckende 4,30 Meter hohe Figur kunstvoll einem fränkischen Muschelkalkblock abgerungen.

Die Kreuzberg-Wanderung geht ihrem Ende entgegen. Wir haben einen Rhönberg besucht, der nicht immer das typische Rhöngefühl zu vermitteln vermag, weil vor allem der laute Betrieb rund um das Kloster und sein Bier jede Kontemplation verhindern. Andererseits ist aber auch zuzugeben, dass dem süffigen Dunkelbier zuweilen mit größter Andacht gehuldigt wird.

Auf den letzten Metern bis zum Ziel der Kreuzbergtour bleibt aber noch Zeit, um darüber nachzudenken, warum uns ferne Ziele oft um so viel attraktiver erscheinen als das Nahe – mithin als die eigene Heimat.
Wo liegen die Gründe für diese Empfindung?
Nun, die Erfahrung lehrt uns, dass wir das, was wir haben, nicht immer gebührend ehren können und dass uns Bildeindrücke von exotischen Landschaften in der Regel sehr schnell und unmittelbar ansprechen.
In der Rhön liegen die Dinge aber ganz anders.
Landschaftsbilder der Rhön sind in der Regel nicht besonders spektakulär, sie fordern vielmehr vom Betrachter eine ausdauernde Achtsamkeit und ein stetiges

Kloster und Kirche wurden in den Jahren 1681 bis 1692 neu erbaut.
Das Klostergebäude ist zwar einfach gehalten, wirkt aber dank einheitlicher Ausstattung sehr erhaben.

Bemühen, danken dafür aber zuweilen mit einer sehr langen Nachleuchtdauer.
Kein Zweifel, trotz aller Einschränkungen gilt: Hätte ich einen Glauben, der Berge versetzen könnte, ich würde den Kreuzberg immer dorthin holen, wo ich mich gerade aufhalte.

Kaum zu überbieten ist die Blütenpracht auf den Kreuzbergwiesen.
Aspektbildend ist im Allgemeinen der Waldstorchschnabel.

Blick über eine blühende Mähwiese hinüber zum Arnsberg.

Herbst am Kreuzberg.
Während sich im Sinntal langsam der Nebel der letzten Nacht auflöst, präsentiert sich von den Höhen des Kreuzbergmassives das Panorama der Dammersfeldrhön mit Kleinem und Großem Auersberg.

Oft besucht und oft fotografiert wird die Kreuzigungsgruppe, die in den letzten Jahrzehnten immer wieder erneuert werden musste.
Vor allem in den Abendstunden kann man zuweilen spektakuläre Stimmungen erleben.

Eine eher seltene Perspektive der Kreuzigungsgruppe am Kreuzberg.
Der bis zu einem Meter hohe Schnee verdeckt gnädig die Spuren des Tourismus.

Um den Charakter der Rhön als „Land der offenen Fernen" zu erhalten, bedarf es vieler Helfer. Besonders geeignet ist die Wanderschäferei, die die Flächen freihält, aber nicht zu stark überdüngt.

Als zweitbeste Lösung gilt die ortsgebundene Schäferei. Mit Blick auf die Überdüngung der genutzten Flächen und die damit einhergehende Veränderung des Arteninventars muss diese Pflegeform sehr kritisch betrachtet werden.

Im Kiliansjahr 1989 entstand das 4,30 m hohe Kiliansdenkmal.
Irenkreuz und Schwert kennzeichnen den Heiligen als Missionar und Märtyrer.

Dorfheimat – eine kritische Betrachtung

Diejenigen Leser dieser Zeilen, die 50 oder mehr Jahre zählen, wurden in eine Zeit hineingeboren, in der Begriffe wie „Dorf" und „Heimat" vergleichsweise einfach zu beschreiben waren und bereits viele Jahrzehnte in nahezu unveränderter Definition überdauert hatten.
Zu keiner Zeit aber änderten sich die Verhältnisse derart rasch wie in unserer Zeit und so blieben auch die Begriffe Heimat und Dorf nicht das, was sie einst waren.

Heimat bedeutet seit jeher für jeden etwas anderes. Es gab aber immer einen Konsens, einen gemeinsamen Zeichenvorrat, der wenigstens annäherungsweise klären konnte, um was es dem Erzähler oder Schreiber ging, wenn er von Dorf und Heimat sprach oder schrieb. Die Heimat von gestern ist eine andere als die von heute, und die von morgen wird wieder anders sein; schon deswegen ist es schwierig, sich dem Phänomen Heimat zu nähern.
Ist Heimat vielleicht ein Begriff, der sich der eindeutigen Definition entzieht, der zurückweicht ins Ungesonderte, wenn man ihn endlich fassen will? Oder ist Heimat einfach nur die gewohnte Umgebung, in der man sich eingerichtet hat? Sollte man vielleicht besser gar nicht darüber reden?
Jedenfalls wäre alles ganz einfach, wenn man nur glauben könnte, dass Heimat dort ist, wo man uns gerne kommen und ungern gehen sieht, oder wenn jenen zu vertrauen wäre, die behaupten, dass Heimat nicht da oder dort, sondern entweder in uns oder nirgends ist.

Sicher ist nur, dass Heimat meist an emotionale Werte appelliert und damit der Verklärung tendenziell immer etwas näher steht als der Erklärung. Sicher ist aber auch, dass Heimat weniger ein Himmelsgeschenk auf Dauer ist als vielmehr eine langsam sich entwickelnde Erfahrung. Heimat muss und kann wieder und wieder neu geschaffen werden.

Ich kann Heimat nur aus der Sicht eines „Ausgewanderten" beschreiben, aber gerade diese Position ist für die Fragestellungen interessant und ergiebig.
Die Daheimgebliebenen haben einen anderen Blickwinkel, und Heimat gehört möglicherweise zu jenen Werten, die nur der beschreiben kann, der sie nicht mehr hat.

Egal, wo man aufwuchs, immer gab es dort eine Landschaft, ein Netz sozialer Beziehungen, die hielten und prägten; und noch ehe man das Phänomen der Prägung intellektuell erfasst hatte, war es schon geschehen: die Landschaft und der Mensch, sie gehörten zusammen. Die Rhön prägt die Menschen, die in ihr aufwachsen, und die Menschen prägen die Landschaft, denn Menschenbilder sind immer auch Landschaftsbilder. Die Zugfäden dieses Beziehungsgeflechts zwischen Landschaft und Mensch haften an der Seele, man nimmt sie mit, egal, wohin man geht, und bleibt auf diese Weise – geheimnisvoll und unlösbar – angebunden an den Ort der Kindheit.
Junge Menschen mit beruflichen Ambitionen mussten und müssen immer noch die Dorfheimat früh verlassen. Gelegentlich wurde diese sachliche Notwendigkeit sogar durch eine gewisse Geringschätzung der vermeintlich kleinbürgerlichen Enge unterstützt. Eine Einschätzung übrigens, die im Alter durchaus wieder einer Sehnsucht nach der Dorfheimat weichen kann.

Indessen, ob jung oder alt, Sehnsucht und Heimweh schwinden nie, es ändert sich nur ihr Grad, denn viele

Jugenderinnerungen verlöschen nie, auch nicht die scheinbar unbedeutendsten Einzelheiten.

Die Jüdin Nelly Sachs schrieb in einem Gedicht, dass ein Fremder seine Heimat stets unter dem Arm trage. Sie wollte damit ausdrücken, dass kaum je ein Mensch von zuhause weggeht, ohne sich nach der alten oder einer neuen Heimat zu verzehren.

Sie beschreibt damit sehr zutreffend die Reise durch jenes emotionale Niemandsland, das jeder durchqueren muss, der die Fronten wechselt.

Mit etwas Glück wird man aber bald eine andere Heimat finden und feststellen, dass Heimat tatsächlich weniger von der Geografie, als vielmehr von der Seele her zu bestimmen ist. Mehr noch: Es stellt sich die Frage, ob man nicht gleichzeitig mehrere Heimaten in sich beherbergen kann?

Unserem Wortschatz ist die Mehrzahl von Heimat nicht geläufig. Muss das aber als Hinweis darauf gewertet werden, dass es nur eine Heimat gibt? Wird man vielleicht in die Heimat hineingeboren wie in eine Schale, oder birgt man die Heimat oder gar mehrere Heimaten wie einen Schatz in sich selbst?

So oder so, die erste Heimat ist eine ganz besondere; an ihr nimmt man Maß, schärft den Verstand und beurteilt zukünftig alles nach Maßgabe des dort Erlebten und Erfahrenen.

Keine andere Heimat wird je diese tragende Kraft und das Gefühl der Unverletzlichkeit gegenüber der Umwelt vermitteln wie die erste, die unverlierbare Heimat. Dass es sich auch dort nie um eine heile Welt gehandelt hat, muss nicht betont werden.

Für den jungen Dorfbewohner begannen Mühsal und Entbehrungen oft bereits mit dem Besuch eines Gymnasiums. Da der weiterführende Schultyp bestenfalls in der nächsten Stadt angeboten wurde, war schon der Schulweg eine weite Reise.

Auch später, wenn sich ein Studium anschloss, musste der Student in jedem Fall das Elternhaus gegen ein möbliertes Zimmer in einer fremden Stadt eintauschen.

Das ist sicher nicht in jedem Fall von Nachteil, einzig die Tatsache, dass es keine Alternative gab, ließ Gefühle der Benachteiligung gegenüber der Stadtjugend aufkeimen.

Nicht zum ersten Mal übrigens, denn immer gab es Unterschiede zwischen der Stadt und dem Dorf. Vielleicht waren es nur die Schuhe, die auf dem Land etwas derber ausfallen mussten, weil sie bevorzugt nach Zweckmäßigkeits- und nicht nach modischen Aspekten ausgewählt wurden; oder vielleicht war es die Wahl der Freizeitbeschäftigungen, für die das Dorf im Vergleich zur Stadt nur eine bescheidene Auswahl bereit hielt. Kleidungsvorschriften und Freizeitbeschäftigungen sind eben nicht nur eine Funktion des Breiten- und Längengrades, sondern auch der Einwohnerzahl.

Für viele junge Dorfbewohner führt schließlich der berufliche Weg zwangsläufig in die Fremde.

Gewachsene Bindungen, gute Freundschaften, wertvolle Beziehungen müssen dem beruflichen Fortkommen geopfert werden.

Auch dieser Verlust löst Heimweh aus, denn immer bleiben Rechnungen offen, immer wäre da noch etwas zu sagen, etwas zu beweisen oder gar wieder gutzumachen.

Indessen, eine persönliche Entwicklung ohne ein bestimmtes Maß an Entwurzelung ist schwer möglich, es fragt sich aber immer, wie viel Entwurzelung der Entwicklung zuträglich ist.

Dass bald schon das Heimweh zu- und nicht abnahm, wenn man sich der alten Heimat näherte, war allerdings eine bittere Erfahrung, die mit dem Verlust all dessen zusammenhing, was einem einst Heimat war.

Starkes Heimweh kann man nämlich auch dann empfinden, wenn man Heimat sucht, sie aber nicht mehr finden kann, obwohl man sich – geographisch betrachtet – bereits in ihr aufhält.

Die Ursachen dieser scheinbar paradoxen Befindlichkeit sind schnell benannt.

Das Bescheidene, Gewachsene und Übersichtliche ist vielerorts verschwunden, und nur wer ganz entschie-

den zum Zeitgenossen geworden ist, wird diesen Verlust nicht schmerzlich erleben.
Dabei ist es nicht nur die Veränderung an sich, die deprimiert, sondern vor allem auch der Abstieg ins Banale, der einen Mangel an Geschmack und Qualitätsbewusstsein offenlegt.

Immer wieder fragt man sich, wie man an den stillen Mooren, den bunten Matten, den weiten sanften Tälern und den schroffen Basaltschloten vorbeiwandern kann, ohne sich ansprechen zu lassen, ohne teilzuhaben und ein Teil davon zu werden.
Geschähe es, hätte es gewiss Einfluss auf das Gesicht der Dörfer.

Man spürt es, dass viele Menschen nur noch in den Rhöndörfern wohnen, aber nicht mehr in ihnen „leben", und dass z. B. das Wandern und die Beschäftigung mit der Natur etwas ist, das dem Rhönklub, Seniorenklubs, Romantikern oder Städtern vorbehalten bleibt.

Der Dichter Leo Weismantel (1888–1964) traf bereits im Jahre 1920 mit folgender Formulierung den Nagel auf den Kopf. Er schrieb: *„Jene Materialisten, deren ganze Sehnsucht auf Erden im ‚Komfort' besteht, denen das Dingliche letzte Mögliche ist, gehen an diesen Bergen vorüber."*
Auch heute kann man dieser Aussage kaum etwas hinzufügen, sie höchstens in einem Detail verbessern: Sie gehen nicht, sie fahren vorüber ...

Heimweh erzeugen vor allem das Gesicht des Heimatdorfes und der Baustil, der nur noch selten landschaftstypische Elemente enthält und um dessen Verständnis man sich in der Regel redlich mühen muss, vor allem dann, wenn doch die Erinnerung lehrt, dass der Rhöner stets darauf bedacht war „sei Sach' joa zommezehalle, on nedd ze übertreiwe".

Auch der Versuch, die ganze Region zu vermarkten (Rhöner Lamm, Rhöner Apfel, Rhöner Weideochse, Rhöner Bachforelle), trägt dazu bei, das Heimweh zu vergrößern.

Man glaubt in den letzten Jahren erkannt zu haben, dass Regionalmarketing die Situation der Region verbessern und zum Beispiel den Rhöner Apfel noch besser machen kann, als er ohnehin schon ist. Als Imageprodukt preist man den Apfel von der Streuobstwiese. Welch ein Begriff für ein einfaches Lebensmittel aus einer der bodenständigsten Gegenden Deutschlands! Man kann jedenfalls leicht prophezeien, dass der Apfel von der Streuobstwiese bestenfalls zum Kainsmal einer Region wird, die in das Räderwerk des Fortschritts geraten ist. Wenn dann zum „Festival der offenen Fernen" sogar das Schaf in der Rhön steppt („In der Rhön steppt das Schaf" war der Slogan dieser Veranstaltung), wird so recht klar, dass den Einheimischen bei diesen Aktionen nur zwei Möglichkeiten bleiben: Entweder sie fühlen sich ebenfalls als Touristen oder sie ignorieren sie einfach.

Nein, die Rhön gehört ihnen nicht, den Fortgegangenen, und Kritik steht ihnen nicht zu, aber diese Form der Anpreisung schmerzt, wirkt wie Ausverkauf und Prostitution.

Regionalmarketing, Imageprodukt sind hingegen nicht nur belanglose Modewörter, die den Zeitgeist spiegeln, sondern sie tragen auch Verantwortung dafür, dass die Nabelschnur zwischen den Rhönern und ihrer Heimat zusätzlich brüchig wird.
Der Fortbestand der Einheit aus Bewohnern und bewohntem Gebiet – eben das, was Heimatgefühl erzeugen kann – ist nur möglich, wenn Einsicht, Verständnis und Akzeptanz für die einzelnen Aktionen bei allen Beteiligten erzeugt werden können.

Aber sogar die Straßen der Region, die früher Ortschaften und damit Menschen verbanden, trennen heute und zerteilen. Den auf Zuwachs geplanten asphaltierten Straßenbändern fehlt vielfach alles Verbindende, fehlt jedes „Zueinander". Sie zertrennen mehr als sie verbinden, sind eher Pisten als Straßen, sind Symbole der Eile, der Durchreise, des Schnellwoandershin.

Echte Bauern erscheinen auf diesen „Autobahnen" wie eine folkloristische Dreingabe, deren Tätigkeit freilich längst den Charme bäuerlicher Erdverbundenheit verloren hat.

Wie anderenorts auch, gibt es in der Rhön aber nur noch wenige Menschen, die einer Beschäftigung in der Landwirtschaft nachgehen.

Selbstverständlich sind auch die Besenbinder, Korbflechter, Leinweber und Siebmacher längst verschwunden. Dafür finden sich aber durchaus aufgeklärte und strebsame Menschen, die ein Urverständnis dafür bewahrt haben, dass ihnen nichts geschenkt wird und sie sich alles selbst erarbeiten müssen.

Dafür spricht übrigens auch die vergleichsweise niedrige Arbeitslosenrate in der gesamten Rhön. Der Rhöner will eben das, was er benötigt, am liebsten sich selbst zu verdanken haben.

Energisches Aufbegehren gegen widrige politische Lebensumstände gehört ebenfalls nicht zu seinem Wesen. Viel lieber klagt er verdrossen über das schwere Los des „kleinen Mannes", um sich aber unverdrossen und mit einigem Geschick doch durchzuwinden.

Die meisten Rhöndörfer agrarischer Prägung starben bereits in den siebziger Jahren einen stillen Tod. Der Abschied von der Landwirtschaft pflügte auch das Dorf kulturell um. Die Entbäuerlichung führte zu einer Neuordnung von Dorf und Gehöft, die auch als Dorfsanierung bezeichnet wird und letztlich den Ausgleich des Stadt-Land-Gefälles zum Ziel hatte.

Im Zuge der Entagrarisierung wurden zudem viele Hofeinfahrten mit S-Steinen, Waschbetonplatten oder anderen „Kunstwerken" aus Beton versiegelt. Und weil der Misthaufen im zentralen Hofbereich ebenfalls längst verschwunden ist, ist zwar alles offen, aber keinesfalls einladend.

Dieser Entwicklung fielen auch zwangsläufig der Hofbaum und die Bank zum Opfer, denn wer will schon im Herbst die mit großem Aufwand versiegelte Fläche sauber halten, und wer hat in der täglichen Betriebsamkeit überhaupt noch Zeit genug, sich unter einem Baum auf einer Hofbank auszuruhen?

Und die Bauerngärten, wie vermisst man sie, wenn man die Straßen entlang wandert.

Wo sind die buchsgesäumten, übersichtlich in Nutz- und Ziergarten gegliederten Vorgärten geblieben? Pflegeleichte Koniferen verdrängen und vertreten längst schon Goldlack, Eisenhut, Löwenmaul und Holunder.

Wanderer, kommst du nach W., so wird schon der erste Eindruck von Stein, Teer und Beton bestimmt. Nein, es wird dir nicht entgehen können, dass hier wie in vielen anderen Rhöndörfern eine Tendenz zur Vertreibung der Natur vorherrscht. Kein Wunder: Für die Dorfbewohner in der Rhön ist und war Natur immer etwas viel zu Selbstverständliches, als dass sie sich jemals viel daraus gemacht hätten.

Manch einem muss die Trostlosigkeit der großflächigen Hausfassaden doch zu denken gegeben haben. Die in den Putz der Giebelpartien applizierten Bilder, eine liebenswerte Hochrhöner Marotte, sind kurioserweise in ihrer Mehrzahl gerade jenem Bereich entliehen, den man so konsequent auszutreiben versucht: der Natur. Bilder und Ortsansichten, die eine Art melancholische, wenn auch morbide Schönheit ausdrückten, fielen Sanierungen mit Plastikbalkon und Gartenzwerg zum Opfer; neue können in einem geistigen Klima, das von Ordnungs- und Sauberkeitssinn geprägt ist, nicht mehr entstehen. Damit verschwinden aber alte lebens- und erlebenswerte Räume unwiderruflich und neue werden schon deswegen nicht mehr entstehen können, weil der Baustil der Gegenwart, ein Ergebnis des Struktur- und Funktionswandels der Dörfer, banal und belanglos ist. Der Schriftsteller und Dichter der Rhön – Josef Kuhn (1918–2005) – sah in all dem Symptome einer alles Bodenständige überwuchernden Unkultur und man wird dieser drastischen Bestandsaufnahme wohl zustimmen müssen.

Die Katalogarchitektur in den Neubaugebieten verbreitet jedenfalls eine unerträgliche Langeweile und Monotonie und morgen schon wird ein Dorf dem anderen gleichen.

Dabei sind, wie Hans Kleiner in seinem Buch „Die Rhön – Land im Herzen Deutschlands" ganz richtig bemerkte, gerade die alten Gehöfte und Fachwerkhäuser immobile Antiquitäten von unschätzbarem Wert und damit ein Kapital mit einer großen Renditeerwartung.

Alte Häuser wurden und werden aber nicht als Baudenkmäler empfunden, sondern vielmehr als peinliches Zeugnis einer ärmlichen Vergangenheit: Man entledigt sich ihrer ohne Sentimentalität oder lässt sie unbeachtet verkommen.

Natürlich ist das bedauerlich, andererseits gilt es aber zu bedenken, dass den Dorfbewohnern, die immer in niedrigen Wohnungen mit schiefen Wänden leben mussten, wobei sie die Toilette – ein mit Brettern verschalter Balken über einer Jauchegrube – nur nach einem eiligen Gang quer über den Hof erreichen konnten, jeglicher Sinn für diese Art von Romantik fehlt. Das Toilettenpapier wurde übrigens zu dieser Zeit bevorzugt aus der Fuldaer Zeitung und dem Bonifatiusboten hergestellt. In topflappengroße Stücke geschnitten und auf einen dicken flachsfarbigen Wollfaden girlandenförmig aufgefädelt, wurde es – ohne grünen Punkt – auf sehr natürliche Weise in den Stoffkreislauf zurückgeführt.

Vor allem der Besucher aus der Stadt erträumt sich auf dem Land diese Art von Rückständigkeit als sehr willkommenen Kontrast zu den sterilen Hochhäusern oder seelenlosen Reihenhaussiedlungen der Vorstädte. Jedenfalls lassen die tastenden und verlangenden Blicke der Besucher aus der Stadt nach möglichst viel „Unkultur" und möglichst „schiefen Schönheiten" kaum eine andere Schlussfolgerung zu.

Doch die Menschen, die hier lebten, konnten immer sehr geschickt mit Werkzeug umgehen, stellten sich ihre Kleidung und viele Gegenstände des täglichen Bedarfs selber her, produzierten ihre Lebensmittel, bauten und reparierten ihre Häuser, verstanden aus den Wolken das Wetter vorherzusagen und kurierten so manche Krankheit ohne Arzt und Krankenhaus.

In dieser Beziehung existierte tatsächlich ein steiles Land-Stadt-Gefälle, auf das jeder Dorfbewohner stolz sein konnte.

Heute essen alle die gleichen Fertiggerichte aus den Regalen der gleichen Supermarktkette. In der Stadt und auf dem Land fährt man Autos, die man nicht mehr reparieren kann, weil man sie nicht mehr versteht, und Kleidung wird hier wie dort nur noch in seltenen Fällen selbst hergestellt.

Die Stadt ist in das Dorf eingezogen und wir alle wurden durch diese Entwicklung ärmer.

Gerade in der oft gebrauchten Redewendung „Die Welt ist ein Dorf" schwingen immer neben dem Erstaunen auch eine gewisse Ratlosigkeit, ja Resignation und Trauer mit.

In den Dörfern früherer Tage konnte man sich zurechtfinden. Man kannte die Straßen und Plätze, die Hausnamen, die Geschichte so manchen Dorfbewohners und feierte – Ritualen gleich – die Feste vom Feuerwehrfest bis zur Kirchweih in der Dorfgemeinschaft.

All das wirkte in seiner Gesamtheit wie ein aufgespanntes Netz, in das man sich fallen lassen konnte, wenn alle Stricke rissen. Die neue Anonymität führt zwangsläufig zu einer Unübersichtlichkeit und Unsicherheit, die in immer mehr Menschen das Bedürfnis nach Orientierung weckt, die in einem Dorf mit seinen übersichtlichen Strukturen leichter zu finden war als draußen in der Welt.

In dieser Welt gab es natürlich auch Verpflichtungen und Bindungen.

Das Problem der Verstädterung der Dörfer führte auch zu einem geänderten Heimatbegriff.

Das Dorf der Vergangenheit starb in den sechziger und siebziger Jahren. Seine sozialen Bezüge und seelischen Befindlichkeiten lösten sich auf und damit ging auch die Heimat der Jugendzeit verloren.

Natürlich, alles ändert sich, das ist der Lauf der Zeit und Ausdruck sowohl kultureller wie technischer Entwicklung.

Sich dieser Entwicklung entgegen zu stemmen oder gar gegen die Verkarstung des dörflichen Gemeinschaftswesens anzuschreiben, gliche dem Versuch, Wasser mit einer Mistgabel schöpfen zu wollen.

Dennoch existiert ein Missverständnis.

Der Begriff Dorfheimat muss umgehört und neu verstanden werden, er muss entweder viel enger oder viel weiter gefasst werden, nur stehen bleiben wie bisher kann er – bei einiger Ehrlichkeit – eigentlich nicht.

Man kann das eigene Elternhaus als Heimat betrachten und liegt dabei fast immer richtig. Man kann die Landschaft als Heimat bezeichnen, denn sie kann nicht verloren gehen. Landschaft gehört niemandem außer vielleicht jenem, der in der Lage ist zu lieben, ohne zu besitzen.
Man kann Deutschland als Heimat bezeichnen und beschreibt die eigenen Empfindungen durchaus zutreffend, wenn man sich, vielleicht nach einer längeren Auslandsreise, endlich wieder dem Luftraum über Deutschland nähert.
Das Dorf seiner Jugend kann man aber kaum noch als Heimat bezeichnen, weil es längst ein von komplexen Überlagerungen und Durchmischungen geprägter Mikrokosmos geworden ist, der mit der alten Heimat nicht mehr viele Gemeinsamkeiten aufweist. Die Dorfheimat musste in den letzten Jahrzehnten zwangsläufig an Gewicht verlieren, weil eine ortsungebundene Wirtschaftsentwicklung den ortsgebundenen Menschen missachten muss, wenn sie funktionieren will.

Und tatsächlich ist die Fremdheit der Dorfbewohner untereinander mittlerweile nur noch graduell verschieden von jener in der oft krankmachenden Anonymität unserer Städte. In den abendlichen Gassen der Dörfer ist jedenfalls das Leben und Lärmen längst ebenso verstummt wie in den Straßen der Stadt.

Zudem fällt ein Merkmal, das wie kaum ein zweites eine Art Stallgeruch vermittelte und Zusammengehörigkeit herzustellen vermochte, der Urbanisierung zum Opfer: die Sprache oder der Dialekt.

Ob da jemand Heu wie „Hai" oder „Höeh" ausspricht, klärt für den Kundigen die Zugehörigkeit zu einer bestimmten Dorfgemeinschaft augenblicklich und unzweifelhaft. Ein Wort nur genügt und die Identifikation ist möglich.
Und trifft man sich nach vielen Jahren wieder, entfällt das oft sehr langwierige und misstrauische „Warm-up", man fühlt sich zu Hause und weiß, man wird verstanden. Ohne Umwege kann man oft dort anknüpfen, wo einst die Diskussion abbrach.
Der Dialekt gliederte einen Dörfler ein in die größere und beständigere kulturelle Dorfgemeinschaft.

Wer Dialekt spricht, spricht übrigens keineswegs schlechter, er spricht nur anders, oft sogar besser; eigentümlich, gewiss, aber dafür historisch stärker fundiert.

Für die Dorfkinder war Hochdeutsch die erste Fremdsprache, die in den ersten Volksschulklassen erlernt werden musste. Die allermeisten haben diese Hürde mühelos genommen.
Heute gilt der Dialekt vielen als Karrierebremse und wird mit Rücksicht auf die Schulkarriere von Kinderohren ferngehalten. Das Ergebnis dieser Entwicklung liegt auf der Hand.
Eine der großen Tendenzen der Neuzeit – die Einebnung aller kulturellen Besonderheiten – beseitigt auch die liebenswerten vielfarbigen Sprachtupfer. Schon heute sind große, nicht mehr zu schließende Löcher in dem Lautgewebe des Rhöner Landes zu beklagen.
Dialekt ist Sprache und Sprache ist Kultur, und indem wir uns durch den ausschließlichen Gebrauch der Hochsprache auf eine vermeintlich höhere Kulturstufe emporzuziehen glauben, vernichten wir Kultur.

Dabei sieht man es doch kommen: Bald schon werden Dialektologen mit Kassettengeräten und Videokameras nach den letzten Dialekt sprechenden Gewährspersonen fahnden, sie als Kronzeugen einer besseren, aber untergehenden Kultur preisen und – vermarkten.

Und wir? Wir werden die Produkte kaufen, wehmütig einer verklungenen Zeit nachlauschen, oder mit großem Interesse den Interpreten des Rhöner Mundartfestivals lauschen. Genauso, wie wir in die Museumsdörfer nach Fladungen, Tann oder ins ferne mittelfränkische Bad Windsheim pilgern, um zu erleben, was wir ohne Not aufgegeben haben: eine eigenständige und unverwechselbare Baukultur.

Für Johann Wolfgang von Goethe war die Mundart übrigens *„ein Element, aus welchem die Seele ihren Atem schöpft"*. Das sollte uns zu denken geben und den Weg öffnen hin zu der Einsicht, dass die Vermittlung eines Sprachgefühles für beide Sprachen vermutlich der richtige Weg wäre. Wer neben der Hochsprache Mundart spricht, ist reich, denn in die Mundart sind lebendige Ausdrucksformen der ländlich-bäuerlichen Kultur eingebettet. Zudem ist Mundart Trägerin von Sinnhaftigkeit und Überlieferung, übersetzt Lebenserfahrungen in Sprichwörter und gewährt Einblicke in das Denken und Fühlen der Menschen. Vor allem aber vermittelt sie Vertrautheit und hohe soziale „Temperatur".

Heimat braucht diese Nähe, diese lokale Verankerung, Vertrautheit, Überschaubarkeit, Unverwechselbarkeit und Beständigkeit, und ist vielleicht nur in ihrem Verlust stark genug, diesem besonderen Gefühl auch Worte zu verleihen.

Andererseits ist das Bedürfnis zu wissen, woher man kommt, Teil des Prozesses der Selbstfindung, und das Wissen über die eigene Herkunft ist eine wichtige Voraussetzung dafür, dass man auch anderenorts bestehen kann.

Wer Heimat hat, weiß nichts von den Nöten all jener, die sie suchen, sie entbehren und ihr für immer entsagen müssen; für sie ist dieses Kapitel im besten Fall ein überflüssiger theoretischer Versuch, eine nebensächliche Begebenheit zu erhellen. Und dennoch, gerade für die Daheimgebliebenen sind diese Zeilen bestimmt, denn dieses großartige Mittelgebirge braucht nichts so dringend wie tätige Zuneigung und Heimatsinn.
Deswegen ist es gerade für die Daheimgebliebenen eine – im edelsten Wortsinne – patriotische Herausforderung, Unverwechselbares und Überschaubares zu schützen und zu bewahren, und wo immer möglich, neu zu schaffen.

Dann werden nämlich die eigenen Kinder, wenn sie einst zurückkehren, um ihre Wurzeln zu suchen, sie wenigstens auch finden können.

Der Sodenberg gilt als südlichste Bastion der Rhön und ist nicht nur als ehemaliger Basaltschlot und Aussichtsberg bekannt, sondern auch als Blumenberg. Auf dem ihm vorgelagerten Trockenrasengebiet finden sich gute Bestände des Adonisröschens (Adonis vernalis) und der Küchenschelle (Pulsatilla vulgaris).

Wer Ende April die Adonisröschen aufsucht, dann durch die Weingärten im nahen Hammelburg spaziert, um schließlich zu einer Wanderung über die Lange Rhön zu starten, der gewinnt ein unmittelbares Gefühl für die ungeheuere Fangkraft dieses Gebirges.
Hier Weinberge und Blüten, dort Eis und Schnee.

Die Buche ist der Baum der Rhön.
Manche Etymologen leiten sogar den alten Namen Buchonia von Buche ab, obwohl offenbar auch andere Deutungen möglich wären.
Nirgendwo anders leisten sich die Buchenwälder einen derart dicht gewebten Buschwindröschen-Teppich wie in der Nähe Hammelburgs.

Sinfonie in Gelb.
Frühlingsaspekt nahe Mitgenfeld mit Blick auf den 660 m hohen Dreistelz, der für seine gute Aussicht auf die waldgebirgige Rhön gerühmt wird.

Der Lindenstumpf in der Nähe von Schondra war einst wie Mettermich und Schildeck ein Vulkanstumpf mit 527 m Höhe.
Im Zuge des Autobahnbaues (A7) wurde der ganze Berg in Basaltschotter verwandelt.
Heute gehört der Lindenstumpf zu den schönsten Geotopen Bayerns.
Für jeden geologisch interessierten Rhöner ist der Besuch des Lindenstumpfes ein unbedingtes Muss.

Die „Schwarzen Berge" sind der Kreuzbergrhön südlich vorgelagert.
Löserhag, Totnansberg, Platzer Kuppe, Erlenberg und Farnsberg sind die bedeutendsten Erhebungen.
Zu empfehlen ist ein Besuch des Informationszentrums „Haus der Schwarzen Berge" in Wildflecken-Oberbach.

Seit dem Kriegsende 1945 unterscheidet sich die Art der landwirtschaftlichen Bearbeitung rechts und links der Zonengrenze.
Auf der hessischen und bayerischen Seite der Rhön dominiert die kleinräumige, auf der thüringischen Seite herrschte und herrscht noch heute die eher großräumige Bewirtschaftungsvariante vor.

Weich zeichnen die Berge der thüringischen Rhön gegen den Horizont.
Die Rhön ist ein altes Gebirge und im Laufe der Jahrmillionen haben sich die meisten Kanten und Schroffen sanft gerundet.

Nordheim führt in seiner amtlichen Bezeichnung den Zusatz „vor der Rhön" und bezeichnet damit eine naturräumliche Einheit der Rhön.
Bis zum 12. Jahrhundert war der Name Rhön unbekannt. Bis dahin nannte man das undurchdringliche Waldgebirge Buchonia.
Erst im 12. Jahrhundert kam es für den bewaldeten Bergzug zu der Bezeichnung Rhön. Alles, was nicht dazugehörte, galt als vor der Rhön liegend.
Nordheim vor der Rhön ist ein geschichtsträchtiger Ort mit Kirchenburg, Schlössern und einer mächtigen Dreibogenbrücke mit Nepomukstatue.

Die Wacholderhänge und Hutungen der thüringischen Rhön werden nicht zu Unrecht als einzigartig gerühmt. Wer im Mai zu einer Wanderung aufbricht, wird von der Blütenpracht aus Schlüsselblumen (Primula veris) und dem Stattlichen Knabenkraut (Orchis mascula) überrascht.

Die Kontur des Kirchturmes der St.-Kilians-Kirche entwickelt sich nur zögernd aus dem Oktobernebel.

An Gemeinden und Kleinstädten, die sich als Zentrum der Rhön verstehen, mangelt es nicht.
Auch wenn man anerkennen muss, dass Bischofsheim, Gersfeld, Hilders, Wüstensachsen und Poppenhausen herausragende Positionen zukommen, gebührt der unterfränkischen Ackerbürgerstadt Fladungen alleine wegen Gangolfskapelle, Stadtmauer, Maulaffenturm, Heimat- und Freilandmuseum eine besondere Rolle.

Literaturverzeichnis

Abel, Adolf: Heimatbuch des Kreises Gersfeld nach seiner erdkundlichen und geschichtlichen Seite,
Eisenach 1924,
Druck und Verlag der Hofbuchdruckerei

Arnold, Alfons: Heimat an der Streu, Besinnliches zur Landschaft zwischen Rhön und Grabfeldgau,
Selbstverlag des Verfassers

Das Rote Moor, Stiftung Hessischer Naturschutz
Wiesbaden, Hölderlinstraße 1–3

Dehio, Georg: Handbuch der deutschen Kunstdenkmäler,
Bayern I: Franken, 1999,
Deutscher Kunstverlag

Deschner, Karlheinz: Die Rhön, Heidnisches und Heiliges einer einsamen Landschaft, Bamberg 1998,
Kleebaum Verlag (Reihe: Kleine Fränkische Bibliothek)

Der Maler H. Kistler, Gärten Gottes, Würzburg 1991,
Stürtz Verlag

Dierssen, K.: Einführung in die Pflanzensoziologie: Vegetationskunde,
Darmstadt, Wissenschaftliche Buchgemeinschaft

Die Wasserkuppe – Berg mit vielen Gesichtern,
Hünfeld, Rhön-Verlag

Eichele, Dietmar/Schegler, Heinz-Werner: Die Blütenpflanzen Mitteleuropas,
Stuttgart 1994, Franckh-Kosmos

Etzel, Stefan: Die Rhön,
DuMont Richtig Wandern, Köln 1997

Gasseleder, Klaus: Fränkische Miniaturen,
Poetische Topographien, Bamberg 2002,
Collibri Verlag

Gerken, Bernd: Moore und Sümpfe, Bedrohte Reste der Urlandschaft, 1983

Geyer, Gerd: Fränkische Landschaft, Arbeiten zur Geologie von Franken, Geologie von Unterfranken und angrenzender Regionen, Gotha und Stuttgart 2002,
Klett-Perthes

Haefs, Hanswilhelm: Orstnamen und Ortsgeschichte aus der Rhön und dem Fuldaer Land, Hünfeld 2001,
Rhön Verlag

Heeringen, G.v.: Wanderungen durch Franken, Nachdruck der Ausgabe Leipzig o.J. [um 1840] Hildesheim/New York 1973,
Olms Presse

Heinke, Joachim: Der Alte Weg aus der Wedereiba in den Graffeldgau, Versuch der Rekonstruktion eines uralten Fernweges von der Fulda die Hohe Rhön zur Streu im Landkreis Rhön-Grabfeld, 1988

Helfer, Wolfgang: Urwälder von morgen: bayerische Naturwaldreservate im UNESCO-Biosphärenreservat Rhön, Eching bei München 2000

Höhl, Leopold: Rhönspiegel, Kulturgeschichtliche Bilder aus der Rhön, Sontheim v. d. Rhön 1892,
Leo Woerl Verlag

Holzhausen, Jürgen/Hettche, Ernst: Hochmoore im Biosphärenreservat Rhön, Mellrichstadt 1996,
Verlag Richard Mack GmbH

Hueck, Kurt: Deutsches Moorland, Die Neue Brehm-Bücherei Stuttgart,
Franckh'sche Verlagsanstalt, Kosmos-Verlag, Stuttgart

Jäger, Franz Anton: Brief über die hohe Rhöne Frankens, In geografisch- topologisch- physisch- und historischer Hinsicht, Arnstadt und Rudolstadt bei Langbein und Klüger, 1803

Kramm, Heribert/Kaiser, Anton: Der Kreuzberg, Fulda 1990,
Verlag Parzeller

Kramm, Heribert/Gutberlet, Erich: Die Wasserkuppe, Fulda 1991, Verlag Parzeller

Kudrna, Otakar: Die Tagschmetterlinge der nördlichen Hohen Rhön, 1988,
Selbstverlag

Kudrna, Otakar/Seufert, Wolfgang: Ökologie und Schutz von Parnassius mnemosyne (Linnaeus, 1758) in der Rhön.
In: Schriftenreihe Oedippus 2 (1991)

Kudrna, Otakar: Die Tagfalterfauna der Rhön, 1998

Kudrna, Otakar/Mayer, Lothar: Tagfalter, Leben, Gefährdung, Schutz, Ravensburg 1991, Maier Verlag

Laemmlen, Manfred: Der geologische Wanderpfad an der Wasserkuppe, Fulda, Verlag Parzeller

Marzell, Heinrich: Wörterbuch der deutschen Pflanzennamen, Leipzig 1943,
Verlag von S. Hirzel

Mälzer, Gottfried: Die Rhön, Alte Bilder und alte Berichte, Würzburg 1984,
Echter Verlag

Meyer-Sickendieck, Ingeborg:
Gottes gelehrte Vaganten
Ingeborg Meyer-Sickendiek, Düsseldorf 1996,
Dorste Verlag

Möller, Dieter/Hahn, Heinrich: Die thüringische Rhön, Fulda 1990, Verlag Parzeller

Müller, Johannes: Fränkische Landschaft, Arbeiten zur Geologie von Franken, Grundzüge der Naturgeographie, Gotha 1996,
Justus Perthes Verlag

Nezadal, Werner/Weiß, Walter: Botanische Wanderungen in deutschen Ländern 6: Franken, Leipzig/Jena/Berlin 1996,
Urania Verlagsgesellschaft mbH

Pflanzenwelt der Erde, Leipzig/Jena/Berlin 1980, Urania-Verlag

Rhönklub e.V. (Hrsg.): Schneiders Rhönführer,
Fulda 1997,
Verlag Parzeller

Rhönklub e.V. (Hrsg.): Schneiders Rhönführer,
Fulda 1977,
Verlag Parzeller

Riehl, Wilhelm Heinrich: Vom Deutschen Land und Volk, Jena 1922, Verlag Eugen Dieterichs

Ritter, J.: Landschaft: Zur Funktion des Ästhetischen in der modernen Gesellschaft,
Münster/Westfalen, Aschendorff

Rhönklub e.V, Kleiner Führer durch die Bayrische Rhön, Fulda 1996, Verlag Parzeller

Rutte, Erwin/Wilczewski, Norbert: Mainfranken und Rhön, Berlin/Stuttgart 1995, Borntraeger

Schlanze-Spitzner, Bettina: Die Lieder vom Meer und Gedichte der Landschaft, Mellrichstadt 1982,
Verlag Druckerei Richard Mack KG

Schultz, Hans Günther: Auf zur Rhön! Ein Lebensbild des Geheimen Sanitätsrates Dr. Justus Schneider (1842–1904), Rhönklubpräsident, Fulda 1992,
Verlag Parzeller

Seume, Johann Gottfried: Spaziergang nach Syrakus im Jahre 1802, Nördlingen 1985, Verlag Franz Greno

Spindler, Max: Geschichte Frankens bis zum Ausgang des 18. Jahrhunderts, München 1997,
C.H. Beck Verlagsbuchhandlung

Sterner, Siegfried: Die Kunst zu wandern, Düsseldorf 1978, Econ Verlag

Unvergessene Heimat rund um's Dammersfeld. Die abgesiedelten Ortschaften des Truppenübungsplatzes Wildflecken, Horb Neckar 1991, Geiger-Verlag

Wittstadt, Klaus: Sankt Kilian, Leben – Martyrium – Wirkung, Würzburg 1984, Echter Verlag

Karten

Vulkanologische Karte der Wasserkuppenrhön 1:15000, Mit Erläuterungen, Ehrenberg & Hickethier

Geologische Abhandlung Hessen
Martini & Roth 1998

Danke

Ein Buch ist wie ein Kind. Der Vergleich ist gut und wird deswegen auch oft gebraucht. Natürlich gibt es – wie bei jedem Vergleich – viele Aspekte, die man zu seiner Stützung anfügen müsste. Alleine, die meisten liegen ohnehin auf der Hand, und so möchte ich nur auf einen Umstand hinweisen, der weniger mit der Zeugung als vielmehr mit der Geburt des „Kindes" zu tun hatte.

Üblicherweise ist bei der Geburt eines Kindes nur ein Geburtshelfer beteiligt. Im Falle dieses Buches steht es anders; es hat nämlich mehrere Geburtshelfer, denen ich an dieser Stelle herzlich danken möchte.

Ich frage mich oft, was wohl aus meinen Texten geworden wäre, wenn nicht meine Frau Mechthild und auch meine Rhönfreundin und langjährige Vorsitzende des Rhönklub-Zweigvereins Nürnberg, Frau Ossig, Abschnitte gelesen und kritisch kommentiert hätten.

Bestimmt hätte das Neugeborene an einem gewissen Sauerstoffmangel zu leiden, hätte nicht der „Rhöndichter" Josef Kuhn – der erfreulicherweise meine kritischen Anmerkungen zu einigen Entwicklungen in der Rhön stützt – in der ersten Auflage redaktionelle Änderungen angeregt.

Einige Geburtsfehler wären jedenfalls unvermeidlich gewesen, wenn nicht mein Freund Peter Achnitz und Herr Walter Heppt Fehler und Ungenauigkeiten entdeckt hätten, die mir auch nach dem x-ten Lese-Durchgang verborgen geblieben sind.

Einen Großteil der geologischen Texte hat Dr. Gerd Geyer (Uni Würzburg) korrigiert und ergänzt.

Ihnen allen sei an dieser Stelle herzlich gedankt.

So ist es nun einmal: Man übersieht nicht nur gerne die eigenen Fehler, sondern auch die der eigenen Kinder.

Für die 2. Auflage wurde Frau Anette Pehrsson als Lektorin engagiert, die in den Kulturtechniken Rechtschreibung und Zeichensetzung Instinkt und Können bewies. Das Einscannen und Zusammensetzen der Bilder – eine langwierige Tätigkeit – und den Erstsatz des Textes hat freundlicherweise Friedrich Feuerlein präzise und verlässlich übernommen; auch ihm meinen herzlichen Dank.

Stephan Dausacker aus Hammelburg hat auf vorgeschobenem Horchposten zwar nicht das Gras wachsen hören, aber die Blühtermine von Küchenschelle und Adonisröschen am Sodenberg zuverlässig erkundet und nach Wendelstein gemeldet. Dafür möchte ich ihm ganz besonders danken.

Danken möchte ich aber auch Herrn Rainer Klitsch vom Parzellers Buchverlag GmbH & Co. KG, der schließlich doch den Mut aufbrachte, sogar eine zweite Auflage herauszugeben.

Es ist eine durchaus schwierige unternehmerische Entscheidung, in dieser Zeit Bücher natur- oder heimatkundlichen Inhalts zu publizieren.

Man mag es beklagen, aber es ist leider wahr, dass für Landschafts- und Naturbeschreibungen nur mehr eine immer kleiner werdende Leserschaft zu gewinnen ist.

Dennoch, ich hoffe gemeinsam mit allen Geburtshelfern, dass möglichst vielen Rhönern ein neuer Zugang zu ihrer Heimat ermöglicht wird, denn nur auf diese Weise kann langfristig sichergestellt werden, dass die vielfältigen Reize dieses so besonderen Mittelgebirges möglichst lange erhalten bleiben.

Für alle Nichtrhöner mögen Text und Bild dieses Buches eine Anleitung zum „Gebrauch" der Landschaft sein.

Die Botschaft kann aber nur lauten: Zum Wandern nimm die Seele mit ...

Der Autor

Der Autor und Fotograf dieser Wanderbilder wurde am 24. März 1950 in Wüstensachsen geboren, verbrachte dort Kindheit und Jugend, ehe Studium und Beruf ihn nach Mittelfranken führten.

Er ist seit 30 Jahren im Naturschutz tätig und war von 1990 bis 2002 Obmann der Entomologischen Abteilung der Naturhistorischen Gesellschaft e.V. in Nürnberg.
In Vorträgen und Veröffentlichungen (Zeitschriften, Bücher) setzte er sich für die Sache der Insekten und damit letztlich der der Menschen ein.
Seit 30 Jahren lebt er in Wendelstein bei Nürnberg und ist Geschäftsführer und Inhaber der Firma A. Eberle GmbH & Co. KG (www.a-eberle.de), die Geräte und Anlagen im Bereich der Energieerzeugung und -verteilung entwickelt, herstellt und weltweit vertreibt.

Der Mangel an persönlichen und vor allem „seelenvollen" Originalschilderungen der Rhön und ihrer Naturschätze regte ihn zu diesen naturhistorischen Wanderbildern an.

Kritische oder weiterführende Hinweise, aber ganz besonders begeisterte Zustimmung der Leser nimmt der Autor gerne unter **lothar.mayer@a-eberle.de** entgegen.